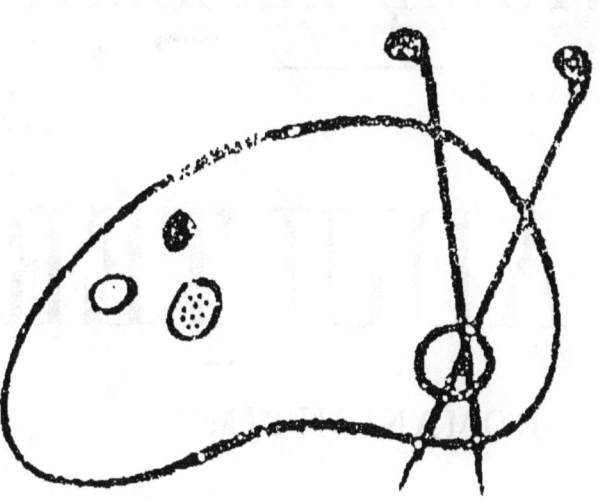

Début d'une série de documents en couleur

ANTOINE ALBALAT

UN ADULTÈRE

ROMAN INTIME

> Nous ne sommes plus dans l'adultère, nous sommes dans l'amour.
> ALEXANDRE DUMAS Fils.

PARIS

PAUL OLLENDORFF, ÉDITEUR
28 bis, Rue de Richelieu, 28 bis.

—

1883
Tous droits réservés.

Librairie PAUL OLLENDORFF, 28 bis, rue de Richelieu,
PARIS

ALIS Harry. — Hara-Kiri, 4ᵉ éd.
AMBO Gustave. — Un voyage de noces.
ANGE BÉNIGNE. — Les Vieilles Maîtresses, 3ᵉ éd. — M. Daphnis et Mlle Chloé.
AUDEBRAND Philibert. — Le Péché de son Excellence, 4ᵉ éd.
BAUQUENNE Alain. — L'Écuyère, 5ᵉ éd. — Ménages parisiens, 6ᵉ éd. — L'Amoureuse de maître Wilhelm, 2ᵉ éd. — La Maréchale, 6ᵉ éd.
BERGERAT Émile. — Le Faublas malgré lui, 3ᵉ éd.
BOCAGE Henri. — Le Bel Armand.
BONNIERES (De). — Mémoires d'aujourd'hui, 3ᵉ éd.
BOUTELLEAU G. — Méha, 3ᵉ éd.
BURTON Édouard. — Mémoires d'une feuille de papier, écrits par elle-même.
CHAMPSAUR Félicien. — Dinah Samuel, 7ᵉ éd.
CHAPRON Léon. — Le long des Rues, 3ᵉ éd.
CHARNACE Guy (de). — Un Homme fatal, 3ᵉ éd. — Une Parvenue, 2ᵉ éd.
CHRÉTIEN Ch. — Le Fiancé de Marie, 2ᵉ éd.
CIM Albert. — Deux Malheureuses, 3ᵉ éd.
D'ALMBERT. — Trévenor, 2ᵉ éd.
DAVYL Louis. — Les Idées de Pierre Quiroul, 3ᵉ éd.
DELPIT Albert. — Le Fils de Coralie, 16ᵉ éd. — Le Père de Martial, 13ᵉ éd. — La Marquise, 41ᵉ éd.
DEPARDIEU Félix. — Nina, 3ᵉ éd.
DENOY. — Mademoiselle Clarens.
FISTIE Camille. — L'Amour au village, *avec une préface d'A. Theuriet*, 2ᵉ éd.
FREDERICK-LEMAITRE. — Souvenirs *publiés par son fils avec portrait*, 2ᵉ éd.
GARENNES Ernest. — Le Sergent Vilajoux.
HENNEQUIN Émile. — Contes grotesques, par Edgard Poë (traduction), 3ᵉ éd.
HERVILLY Ernest (d'). — Les Armes de la femme, *avec dessins de P. Outin*, 4ᵉ éd.
JAUBERT (Mme). — Eyrielle, 2ᵉ éd.
LACROIX Paul P.-L. bibliophile Jacob. — Madame de Krudener, ses lettres et ses ouvrages inédits, 3ᵉ éd.
LE ROY Albert. — Part à trois, 4ᵉ éd.
LAVIGNE Ernest. — Le Roman d'une Nihiliste, 3ᵉ éd.
LAFENESTRE G. — Bartolomea, 3ᵉ éd.
LETORIERE (le vicomte Georges de) ETINCELLE. — Voyage autour des Parisiennes, avec vignette, 6ᵉ éd. — Amours et Amitiés parisiennes, 4ᵉ éd.

LAUNAY (De). — Culottes rouges, *avec illustrations par O'Bry*. — Les demoiselles Sevellec.
MAIZEROY René. — Celles qu'on aime, 7ᵉ éd.
MEROUVEL Ch. — Caprice des Dames, 4ᵉ éd.
MOUEZY André. — L'oncle de Danielle, 3ᵉ éd.
PAUMGARTEN (Ctesse Marie de). — Étoile filante 3ᵉ éd.
PÉGÉ DE CÉHEL. — Chichinette, 4ᵉ éd.
PONS A.-J. — Sainte-Beuve et ses Inconnues, *avec une préface de Sainte-Beuve*, 12ᵉ éd. — Ernest Renan et les Origines du Christianisme, 2ᵉ éd.
RABUSSON Henry. — Fiancés !
RAMBAUD Yveling. — Bossue.
ROD Édouard. — Côte-à-côte, 3ᵉ éd.
ROGER G. — Le Carnet d'un Ténor, *avec une préface de Philippe Gille et un portrait de Roger*, 5ᵉ éd.
ROLLAND Jean. — La Fille aux Oies. Mon Grand'Père Vauthret, 3ᵉ éd.
ROUY Hersilie. — Mémoires d'une Aliénée, 2ᵉ éd.
SAMSON de la Comédie-Française. — Mémoires, 4ᵉ éd.
SARCEY. — Le Mot et la Chose, 3ᵉ éd.
SILVESTRE Armand. — Les Farces de mon ami Jacques, 11ᵉ éd. — Mme Dandin et Mlle Phryné, 6ᵉ éd. — Les Malheurs du Commandant Laripète, 15ᵉ éd. — Les Mémoires d'un Galopin, 12ᵉ éd. — Le Filleul du docteur Trousse-Cadet, 6ᵉ éd.
THÉO-CRITT. — Nos Farces à Saumur, illustrées par O'Bry, 16ᵉ éd. — Le 13ᵉ Cuirassiers, illust. par O'Bry, 17ᵉ éd.
THEURIET André. — La Maison des Deux Barbeaux. — Le Sang des Finoel, 4ᵉ éd. — Sauvageonne, 10ᵉ éd. — Les Mauvais Ménages, 10ᵉ éd.
TOUSSAINT-SAMSON (Mme). — Une Parisienne au Brésil.
VAST-RICOUARD. — Claire Aubertin, 9ᵉ éd. — Séraphin et Cie, 12ᵉ éd. — La Vieille Garde, 22ᵉ éd. — La Jeune Garde, 16ᵉ éd. — Le Général, 11ᵉ éd.
VERNIER Paul. — La Chasse aux Nihilistes, 2ᵉ éd.
VILLEMOT Émile. — Les Bêtises du Cœur, 8ᵉ éd. — Les Femmes comme il en faut, 12ᵉ éd. — Ne vous mariez pas ! 6ᵉ éd.

THÉATRE DE CAMPAGNE. — Recueil périodique de Comédies de salon. Huit volumes ont paru.

SAINT-QUENTIN. — IMPRIMERIE J. MOUREAU ET FILS.

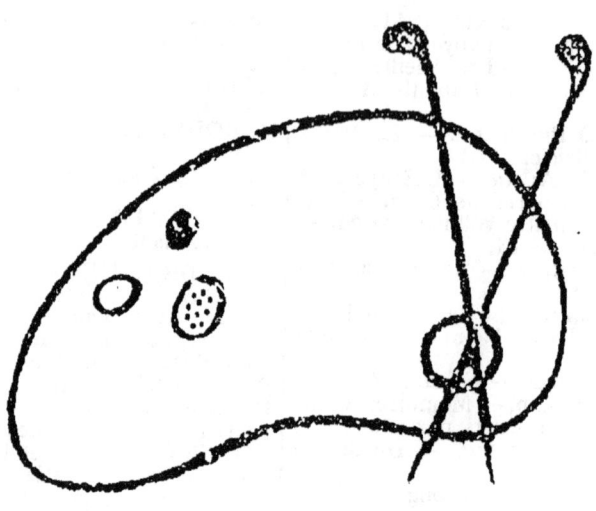

Fin d'une série de documents en couleur

8°Y²
∫888

UN ADULTÈRE

DU MÊME AUTEUR

L'Inassouvie, roman intime, précédé d'une lettre d'Alphonse Daudet à l'auteur. 1 vol. gr. in-18 jésus. 3 fr. 50

POUR PARAITRE PROCHAINEMENT

La Maitresse de l'Aveugle.

SAINT-QUENTIN. — IMPRIMERIE J. MOUREAU ET FILS.

ANTOINE ALBALAT

UN ADULTÈRE

ROMAN INTIME

> Nous ne sommes plus dans l'adultère, nous sommes dans l'amour.
> ALEXANDRE DUMAS Fils.

PARIS

PAUL OLLENDORFF, ÉDITEUR

28 bis, Rue de Richelieu, 28 bis.

—

1883

Tous droits réservés

Il a été tiré de cet ouvrage 20 exemplaires
sur papier vergé de Hollande.

A MADAME ***

Je suis du petit nombre de ceux qui ont connu votre existence de tous les jours, vos luttes, votre honnêteté, votre grandeur. Déchue d'une brillante situation, jeune, délicate, artiste dans l'âme, vous avez essuyé tous les déboires, enduré toutes les souffrances de la femme qui travaille pour vivre. Nuits sans sommeil, repas faits d'un morceau de pain, heures grelottantes dans une chambre sans feu, misère, insolences, désespoirs, vous avez supporté tout cela sans vous plaindre, courageusement, avec la résignation d'une sainte. Les fanges traversées vous ont laissée sans souillure; les luxes, sans envie; le mépris d'autrui, sans colère. Vous saviez bien, cependant, magnanime créature que vous êtes, que votre vie de sacrifices, ouverte au grand jour, où chacun pouvait lire, ne désarmerait pas l'imbécile calomnie, les mensonges grotesques et les lâches propos de ceux qui ne savent pas.

Moi qui suis de ceux qui savent, permettez-moi, Madame, au nom de ce que vous avez souffert, de vous dédier ce livre, — récit de vos douleurs, — en témoignage de mon dévouement, de mon admiration et de mon profond respect.

ANTOINE ALBALAT.

Paris, 19 Mars 1883.

UN ADULTÈRE

I

Les invités s'en allaient. La soirée était finie. Le parfum des épaules nues et des robes remuées emplissait encore le salon désert d'une odeur mondaine, moite, exquise, de plus en plus mourante, comme un son d'orgue évanoui lentement. Les lustres pendaient dans les glaces; la flamme des bougies s'étirait. A voir les fauteuils roulés au hasard, le désordre des chauffeuses, les écrans jetés sur le tapis, on eût cru entendre encore les battements d'ailes des éventails et le frou-frou des traînes ramassées contre les poufs..... Écoutez ces bruits de pas dans le vestibule... froissements de satins, voix de femmes, chuchotements de jeunes filles, jetant leur sortie de bal sur leurs épaules..... Les adieux se prolongent, on échange, entre hommes, des poignées de mains. Les femmes minaudent; les voitures à panneaux armoriés, portières ouvertes, laquais debout, stationnent sous la marquise de l'hôtel.

M. de Champvan, le maître de la maison, causait avec les invités. Madame Marcelle de Champvan profita de l'inattention de son mari pour rentrer dans le vestiaire. Un jeune homme l'attendait. En la voyant, il s'avança, la prit à la taille et, la serrant contre lui, il appuya ses lèvres sur les épaules décolletées de la jeune femme.

— Quel supplice, Marcelle, cette soirée ! Ce que j'ai souffert!...

On entendit dans l'obscurité la voix troublée de Madame de Champvan :

— Et moi donc ! Crois-tu que je me suis amusée ?
— Et ton mari qui ne m'a pas quitté des yeux !
— Oui, je l'ai remarqué.
— Se douterait-il de quelque chose ?
— J'en ai peur... Chut ! Quelqu'un.

Une porte s'ouvrit. Un domestique parut.

— C'est inconcevable, s'écria Madame de Champvan, vous n'êtes jamais là quand on a besoin de vous ! Votre place est ici et non pas à l'office.

— Je l'ai retrouvé, madame, le voici, dit le jeune homme, qui prit son chapeau sous une chaise.

Et, baisant du bout des lèvres la main qu'on lui tendait, il salua Madame de Champvan et sortit. Il rencontra, dans l'escalier, le mari qui remontait :

— Cher monsieur,.... enchanté..... une soirée délicieuse.

M. de Champvan ne répondit pas, se contentant de saluer le jeune homme de ce salut insignifiant qu'on octroie à un inférieur et qui prit, cette fois, dans les yeux du mari soupçonneux, une hauteur de menace et d'ironie.

L'autre balbutia, franchit à la hâte l'escalier, en coudoyant les invités debout sur le perron et dont pas un n'eut l'air de le reconnaître. Il gagna la rue, longea le boulevard des Croisières et s'enfonça dans le Cours des platanes, désert à cette heure, comme toutes les rues de l'aristocratique ville de Noirçon. Partout des fenêtres closes, des becs de gaz solitaires; çà et là, des chats, fusant sur le pavé...... Le Cours avait cette spectrale tristesse, cet air de lugubre guet-apens que prennent, la nuit, les allées plantées d'arbres, géants noirs en embuscade. La lune brillait au ciel; son disque, poli et froid, semblait, arrêté sous les branches des platanes sans feuilles, se balancer parfois pour se dégager, éclairant de sa lumière immense les bancs de bois peints en vert, où s'assoient les bonnes d'enfant. Au loin, au delà de la ville, la rivière de l'Hyame charriait dans la plaine des cristaux et des rayons de lune.

Seul enfin, recueilli, secouant le vertige des valses et des parfums, Maurice songea. Oui, le mari se doutait de quelque chose..... Son air pensif, ses distractions pendant la soirée, cet obstiné regard..... Depuis quelques jours, du reste, il ne dissimulait plus sa froideur. Donc, ce n'était pas assez de subir, deux fois par mois, le supplice de voir sa maîtresse décolletée passer de main en main, au gré des danses voluptueuses ; ce n'était pas assez de lire dans les yeux de ceux qui la regardaient le déshabillement du désir, l'insulte des charnelles admirations ; il manquait encore à Maurice ce nouveau souci, cette catastrophe imminente : le mari qui le soupçonnait ! Ah ! triple fou d'aimer une femme du monde !...

Amour, un enfer pareil ! Jalousies, révoltes, coups d'épingle au cœur, tyrannies des conventions, rancunes dévorées, impuissantes colères..... Souhaiterait-on d'autre bonheur à son plus mortel ennemi ?

Tout homme qui aime a des heures de réflexion où il replie sa pensée, où il a besoin, impérieusement besoin d'être seul, pour se ressaisir et se résoudre. Isolé sur ce banc que mouillait une fraîche nuit de février, Maurice se sentait séduit, absorbé, irrésistiblement conquis par la chevelure, les épaules, le corps, l'âme de cette maîtresse mondaine, chez qui l'amour se doublait des jouissances du luxe, dont les doigts, les oreilles, la gorge n'étaient pas beaux seulement de leur marmoréenne carnation, mais du reflet des bijoux et des diamants, maîtresse désirable par elle-même, autant que par la distinction raffinée de ses poses, de ses robes, de ses suprêmes élégances. Et c'était lui qu'elle avait choisi, lui, Maurice Réguis, pauvre artiste sans fortune, gagnant à peine sa vie, après avoir été officiellement entretenu à l'école des Beaux-Arts de Noirçon...... Et quelle femme : Hautaine pour tous, passionnée, enfantine, virginale, d'amour entêté, humble de goûts, dévouée comme une mère ! Quand il y songeait, il était ébloui de reconnaissance. Elevée si au-dessus des conditions ordinaires, sa félicité lui faisait peur ; il tremblait de la perdre, d'être chassé de l'Eden, où, depuis un an, il oubliait sa palette et ses ambitions.

Et voilà le mari qui allait tout apprendre !

— Comme je l'aime ! comme je l'aime ! murmura-t-il, se levant pour échapper à l'obsession des souvenirs.

La roulade des petits cailloux, que son pas soulevait, troublait seule le silence froid de la nuit. Il ne s'était pas déganté ; il marchait au hasard. Cette solitude nocturne le concentrait, malgré lui, dans ses visions amoureuses. Les becs de gaz étaient éteints. La blancheur de la lune se réverbérait sur les façades des riches maisons, bâties à l'est de la ville. L'air devenait subtil. L'aube allait paraître.

Maurice alors gagna sa maison, regardant curieusement les rues blanches, surpris sans doute par la nouveauté de cette matinale vision. Les amants portent un monde en eux ; leurs rêveries ont des étrangetés et des raffinements délectables. L'amour est comme le somnambulisme : il aiguise et grossit les sensations ; exalte et élève les natures vulgaires ; il nous met au cœur des poèmes qui, décrits, seraient sublimes. Mais qui peut sonder la profondeur d'une méditation d'amour ? Qui exprimera jamais cette impressionabilité du *moi*, ouvert aux mille rêves qu'inspire une femme aimée, vols de papillons qui reviennent toujours à la même fleur ? On est enfant, on est fou...... Votre âme monte, s'étend, plane. Un charme immatériel vous semble pénétrer les objets terrestres, et les choses idéales avoir au contraire je ne sais quoi de tangible, de corporel, de possédé, comme une personne inaccessible qu'on tient dans ses bras.

Il était tout à fait jour, quand Maurice rentra chez lui. Au bout d'une heure, ne pouvant dormir, il se leva, prit sa palette et se mit devant son chevalet, où, depuis huit jours il brossait une grosse meule, à demi enterrée dans une prairie, avec des troncs d'arbres écorcés, au milieu d'une pelouse nue qui grelottait au vent.

II

Quand M. de Champvan rentra au salon, il trouva sa femme assise dans un fauteuil, déjà somnolente, ses petits pieds posés sur le garde-cendre. On ne voyait, par derrière, de toute sa personne, que les diamants des boucles d'oreilles, l'échancrure du corsage dans les épaules, l'onduleuse flexion du cou et son peigne d'argent, garni de perles blanches. L'agonie du foyer dorait le bas de sa robe, bleu pâle, en soie brochée. Mme de Champvan semblait morte dans ses réflexions.

Son mari se tint debout devant elle, le dos appuyé à la cheminée :

— Décidément, ma chère, dit-il, d'un ton ironique, les soirées ne vous amusent pas, à ce qu'il paraît ?

— Ai-je donc eu l'air d'une femme ennuyée ? demanda-t-elle, en reculant son fauteuil.

— Oh! ennuyée !... Pas précisément... Vous aviez l'air, au contraire, d'une femme charmante... Je dois vous rendre cette justice que vous faites tout votre possible pour être aimable... Après ça, ma chère, ce n'est pas votre faute, si vous n'aimez pas le monde... C'est fâcheux pour moi, voilà tout.

Elle ôta un de ses pieds du garde-cendre et, vivement, sans regarder son mari :

— Vous vous trompez, dit-elle, j'aime le monde, mais je n'aime pas tout le monde... Et c'est tout le monde qui vient chez nous...

— Ah ! oui, je sais... votre rêve... recevoir deux ou trois amis... les bourrer de biscuits, les abreuver de malaga et leur faire broder de la tapisserie.... à tous... dans un coin... C'est bien cela, hein ?

— A peu près, dit-elle sèchement.

— Mais alors, ma chère, autant fermer notre porte, rester chez nous, tisonner à deux et lire *Paul et Virginie.*

— Pourquoi pas ? répliqua-t-elle sur le même ton.

— Comment donc ! Mais ce serait très amusant... Vous n'avez pas l'idée comme ce serait amusant.

Soit fatigue, soit dédain, Mme de Champvan n'avait pas encore regardé son mari. Celui-ci à demi penché vers elle la dévisageait fixement. Leur conversation persifleuse trahissait l'abîme d'indifférence qui les séparait... Le feu s'était éteint ; le dernier roulement d'une voiture d'invités s'éloignait dans la rue.

— Ma foi, dit enfin Octave, après un silence, peut-être avez-vous raison, et suis-je, en effet, un peu facile dans le choix de mes amis... Il est certain qu'on rencontre chez moi des personnes qu'on s'étonne fort d'y voir... Votre peintre Maurice, par exemple... est-il assez gauche ce rapin-là, assez ahuri ! Pas prononcé un mot de la soirée... Muet de naissance... A supprimer celui-là, en tête de ma liste !

Le nom de Maurice accentua l'ironie de leur entretien. Mme de Champvan releva le gant :

— Mon Dieu ! Monsieur Maurice n'est peut-être pas un homme du monde accompli... je vous l'accorde... Mais le mérite se mesure-t-il à la coupe d'une redingote et à la façon de rentrer le pied ?... Pour moi... à tout prendre... je ne vous le cache pas... je préfère un peintre de talent, même inconnu, à un imbécile à la mode qui sait conduire un cotillon.

M. de Champvan fronça les sourcils et se promena dans le salon.

— Vous avez, ma chère, sur ce garçon, permettez-moi de vous le dire, en passant, des opinions... très avancées... Ce n'est pas d'aujourd'hui que je m'en aperçois...

Et, décidé, tout d'un coup, à aborder le vrai sujet de l'entretien :

— Avez-vous la clef de votre armoire ?

L'armoire où étaient les lettres de Maurice !

Mme de Champvan tressaillit.

— La clef de mon armoire ? dit-elle, en se retournant, une main sur le dossier du fauteuil... Quelle idée !... Pourquoi faire !...

— Oh ! un pur caprice !... Vous savez, ce joli dessin de broderie à treillage... J'en voudrais un pareil pour mes chemises... Je meurs d'envie de le voir.

— A cette heure-ci ! Y songez-vous ?

— Bah ! ce sera si vite fait ! Donnez-moi donc la clef.

— La clef ! Vous êtes fou ! Est-ce que je l'ai ?

— Allons donc ! elle ne vous quitte jamais.

— Je vous jure pourtant...

Il se rapprocha d'elle, et, avec les yeux du chat qui flatte sa proie, saisissant câlinement la main de sa femme :

— Je vous en prie, Marcelle !...

Elle se leva.

— Puisque je vous dis que je ne l'ai pas !

— Eh bien, alors, ma chère, murmura-t-il en s'inclinant, faites-moi le plaisir d'aller me la chercher, n'est-ce pas ?

Elle le dévisagea de ses yeux clairs ; elle allait sortir : il l'arrêta.

— Inutile, cria-t-il, la voici.

Et, plongeant la main dans le corsage de sa femme, il arracha la clef, qu'on vit pendre entre ses doigts, à un bout de chaîne d'or.

Une lame froide enfoncée dans la poitrine de la jeune femme n'aurait pas remué son cœur plus horriblement que la vue de cette clef dans les mains de son mari. Marcelle se mit à trembler; ses hanches défaillirent. Muette, les bras tombants, les dents blanches entre ses lèvres ouvertes, elle ressemblait à une jolie poupée en toilette. M. de Champvan reprit son attitude aimablement ironique. Il s'empara même du bras de sa femme, qu'il entraîna en souriant.

— Voyons... du courage, ma belle ménagère... Si nous allions compter notre linge?... Voulez-vous?...

Il savait tout. Le mépris alors! L'insulte! Soit!... Mais ce sourire hypocrite! Mais cette grimace de gaieté!... C'était révoltant!

— Vraiment, disait-elle, tâchant de plaisanter, elle aussi, pour cacher son trouble, vraiment... je ne sais pas... vous êtes fou, Octave.

— Fou parce que je veux ouvrir votre armoire? répliqua-t-il la voix caressante, le sourire aux lèvres.

— Quelle idée!... Mais quelle idée!... murmurait-elle, sur le même ton de minauderie effarée.

Et ils riaient ainsi, tous les deux, lui prêt à la tuer, elle résignée à mourir.

Quand elle le vit fouiller les carrés de mouchoirs empilés, les gaufrures de dentelles, crisper de ses doigts les mousselines bleutées, déranger d'une main brutale ce luxe coquettement mis en ordre, elle fut tentée de les prendre elle-même, ces lettres, et de les lui jeter au visage avec le dégoût que sa vie de débauche et d'indifférence avait amassé, depuis huit ans, dans son cœur d'épouse ; mais elle se contint et le regarda faire.

Il dépliait les serviettes, une à une, en les secouant. A la troisième, un paquet de lettres cachetées à la cire d'Espagne tomba lourdement sur le tapis. Elle voulut s'en saisir ; il la repoussa, la main en pleine poitrine.

— Je les ai ! cria-t-il.

Il ne se contint plus. Il éclata, férocement, sans hypocrisie. Marcelle s'était assise, plus pâle que le linge étalé sur les étagères de l'armoire. Sa pensée montait, montait sous son front comme pour s'évader ; mais ce ne fut qu'un éblouissement. Son énergie l'emporta ; et la jeune femme se tint immobile, en face de son mari, sans défi, sans colère, les yeux calmes, les lèvres ironiquement retroussées.

— Eh bien, oui, dit-elle, vous les avez... vous voilà content j'espère... avec cette arme contre moi!... Vous n'allez plus vous gêner n'est-ce pas ?... Affichez maintenant vos maîtresses, partez pour Nice, vivez à votre guise... Vous êtes libre,... vous avez votre carte de circulation. Mais avouez, du moins, une chose : c'est que si je suis coupable, c'est vous qui l'avez voulu.

Il ne répondit pas. Il la regardait avec une fureur

fixe, hébétée, une de ces fureurs sans éclat, désespoirs immenses, qui paralysent, qui assomment. Marcelle le comprit. Elle sentit que les torts de son mari ne compensaient point la honte qu'elle infligeait à son nom ; et tout d'un coup, elle se leva et s'approcha de lui pour lui parler.

Mais, les sourcils froncés, la bouche méprisante, il ouvrit la porte violemment, et sortit, emportant le paquet de lettres...

Marcelle resta seule. Qu'allait-il faire ? La tuer peut-être, rentrer le revolver au poing. Oh ! elle ne chercha pas à fuir. La pensée que l'expiation était juste, lui rendit son impassibilité. D'ailleurs, aimer encore Maurice, recommencer l'adultère... Impossible à présent... Alors, mourir c'était peu de chose... Et la jeune femme, la poitrine haletante, écoutait, rongeant d'impatience le bout de ses ongles avec ses dents... Chut !... dans la chambre voisine... un sanglot... lui !... il pleurait...

— Comme il doit souffrir ! se dit-elle en frissonnant.

Qui sait ? malgré sa vie libertine, malgré ses longs jours d'oubli, peut-être l'avait-il aimée, au moins d'un de ces amours d'estime qu'on garde en réserve, provision de bonheur toujours sûre, où l'on se repose des éreintements, où l'on se guérit des déceptions...

Le jugeant plus calme, au bout d'un moment, elle

entra chez lui. Il pleurait en effet, cet homme. Accoudé sur son bureau, les poings dans les cheveux, il tourna vers sa femme un visage ravagé, où les larmes coulaient le long des joues. Il y avait dans ses yeux je ne sais quoi d'impuissant, de doux, de désespéré. Douleur en habit noir et en cravate blanche... C'était affreux!

— Qui m'eût dit cela, Marcelle?... vous que j'aimais tant!... vous l'orgueil de ma vie!... Oui, je sais... je vous ai oubliée, je vous ai méconnue... J'ai aimé des femmes qui ne vous valaient pas... J'ai vécu misérablement, sous vos yeux même... C'est vrai... Mais ne compreniez-vous pas que cette vie m'écœurait? Que j'en avais des nausées?... Que je n'aimais que vous, en somme? Oui, vous seule, vous aviez ma vénération, mon respect... N'étiez-vous pas l'épouse, l'amie, le retour à ce qui est honnête et pur?... Votre orgueil, votre indifférence des plaisirs, votre mépris du monde me garantissaient votre honnêteté. Je m'imaginais, enfin, que vous m'attendriez... Je me disais : « Je lui reviendrai, elle me pardonnera... Nous serons heureux! ...» Et vous avez fait comme les autres, vous aussi, Marcelle!

Oui, comme les autres, elle avait pris un amant. Que répondre? Nier sa faute? Elle était brutalement écrite dans ces lettres, qu'il n'osait ouvrir. Si vil qu'il eût été, elle le plaignit. Insolent, elle l'eût bravé; vaincu, elle eût pitié de lui.

— Écoutez-moi, dit-elle, je suis coupable, mais pas corrompue... Je comprends toute l'étendue de ma faute... Vos torts ne justifient pas les miens, je le sais... Que faut-il faire pour les réparer ?... Dites. Je suis prête à tout... Vous promettre d'encore vous aimer, c'est impossible, je ne le pourrais pas... Mais pardonnez-moi loyalement... Point d'éclat... Que le monde ignore tout... Et je redeviendrai ce que j'étais... honnête, irréprochable... Vous verrez, je tiendrai parole.... Et qui sait ?... Peut-être trouverons-nous encore du bonheur à oublier..,

Elle était sincère. C'était, de sa part, une héroïque irréflexion, un accès de dévouement. Une femme, à son avis, devait s'y résoudre. Elle était décidée à oublier Maurice. Son souvenir lui semblait même, par la seule force de sa volonté, déjà perdu dans un reculement d'oubli, où jamais ses regrets ne seraient capables de l'aller chercher.

— Je sais ce que j'ai à faire. Inutile de me dicter ma conduite, dit M. de Champvan, sans regarder sa femme, debout derrière lui, contre la chaise.

— Je vous en prie, Octave, murmura-t-elle, ne lisez pas ces lettres.... Ne les lisez pas.... Elles vous feraient trop de mal....

— Laissez-moi seul! ordonna-t-il, d'une voix brève.

Accoudé sur le bureau, les poings contre les tempes, il lui fit signe de sortir.

Elle hésita, puis, la traîne de sa robe machinalement relevée, elle rentra dans sa chambre. C'était une chambre discrète, d'ameublement coquet, un nid d'élégant adultère, dont les tentures en damas de soie jaune avaient abrité bien des étreintes, avaient assourdi bien des voluptés gémissantes. Que de fois les poils soyeux du tapis de haute-lice avaient léché les pieds nus de la maîtresse ? Que d'heures envolées de cette pendule d'albâtre, incrustée d'or et surmontée d'un petit Hercule Farnèse en bronze, si regardé aux heures d'attente !

Mme de Champvan se déshabilla. La fatigue du bal, l'émotion de cette scène, l'avaient brisée. De confuses images remuaient dans sa tête : vertiges de valses, messieurs gantés, souliers de satin tournoyants.... au milieu de tout cela, son mari terrible, anéanti, effondré dans sa douleur. Insensiblement elle revit Maurice, se rappela son amour, le renoncement qu'elle avait promis et qui maintenant, dans le silence de son cœur, lui répugnait et l'apeurait. Elle l'aimait à l'adoration, tout en s'efforçant de chasser son obstiné souvenir, qui eût dégradé la promesse qu'elle avait faite et le pardon de son mari.

Méritait-il pourtant un tel sacrifice, ce mari si longtemps vautré dans le vice, cet hypocrite libertin qui vivait en garçon à côté de sa femme ? Soudain, avec ses croyances mortes, les huit années de son mariage se dressèrent devant elle pour juger cet homme.

Elle avait épousé Octave de Champvan à seize ans. Seize ans ! l'âge des soumissions et des sincérités ! Au lieu de prendre par la main cette adorable ignorante, au lieu de la soutenir de son affection et de ses bras, M. de Champvan, après l'avoir choisie par amour (car elle était pauvre) avait réduit sa femme au rôle de poupée mécanique, la reléguant, après la lune de miel, au fond de cet exil conjugal où tant de femmes sont destinées à sentir seules qu'elles ont une âme et un cœur....

A ce moment, la pendule sonna cinq heures du matin.

Marcelle se déshabillait. Sa robe de soie bleu pâle était tombée à ses pieds avec la jupe dont les hauts volants de dentelles se fondaient avec la balayeuse. Elle ôta ensuite les perles blanches de ses cheveux, qu'elle roula sur sa nuque, dégrafa son collier à boucle de diamant, puis son corset de satin noir garni de dentelles espagnoles. Elle faisait tout cela automatiquement. Sa pensée, lourde pour la réalité, se concentrait en des souvenirs absorbants, comme un malade repris par son cauchemar. Debout sur le tapis, après avoir passé un élégant peignoir en surah blanc, à coquille de Chantilly, les deux mains sur les hanches, cambrant sa taille dans une trépidation énervée, elle s'assit sur une chaise et resta un moment à frotter l'un contre l'autre le bout de ses pieds nus ; puis elle se tint droite contre le lit, comme autrefois devant les bras tendus de son amant ou quand elle revenait de voir, à la fenêtre, s'il faisait jour. Une somnolence plus molle envahissait sa pensée....

Elle se coucha ; elle éteignit sa lampe ; ses yeux, ouverts à l'obscurité, se fermèrent dans les ténèbres de son malheur. Point de bruit au dehors,... la rue immobile et déserte.... Marcelle avait besoin de repos ; mais le sommeil appesantissait, sans l'engourdir, sa jolie tête remplie de choses hallucinantes. Cependant, à force de brouiller volontairement ses idées, elle s'endormit.

A peine fermait-elle les yeux, qu'un bruit de porte la fit tressauter. M. de Champvan entrait, d'une main tenant une bougie, de l'autre les lettres ouvertes. Un diabolique rictus tiraillait le coin de ses lèvres ; ses yeux avaient des rayonnements fauves, qui donnaient à sa face, rouge comme après une course, une terrifiante expression de sauvagerie.

— Ma parole !... mais c'est splendide, mais c'est du Byron, cette correspondance ! s'écria-t-il, en ricanant comme un fou et en posant le bougeoir sur la table de nuit.

Éveillée en sursaut, assise sur le lit, les couvertures rejetées, Marcelle affolée avait pris son front dans ses mains. M. de Champvan, toujours en cravate blanche et en habit noir, s'assit sur le lit, et, à demi tourné vers sa femme, d'un ton de colère domptée, il commença à haute voix la lecture des lettres.

— Écoutez, dit-il, je le veux !

C'étaient des lettres de passion, des lettres de roman, vibrantes d'angoisse, pleine de cris d'âme. L'amour sanglotait dans ces lignes, l'amour sincère, emporté, qui fait hausser les épaules aux maris incrédules, jusqu'au jour où ils le constatent à leurs dépens. Parmi ces lettres, il y en avait de jalouses, d'implorantes, d'attendries, même d'insultantes. M. de Champvan les lut toutes d'un bout à l'autre, coupant sa lecture de persiflages, quand Maurice parlait de fidélité ; ironique, quand il se montrait jaloux ; rageur et révolté devant les adorations de l'amant heureux.

— Drôle ! insolent ! gamin !... Tenez, le voilà qui vous insulte.... Et vous souffriez cela, vous !...

Il y avait dans ce *vous* un reproche immense de toutes les fiertés qu'il lui supposait et qu'elle avait trahies.

Marcelle était assise, les mains nouées autour des genoux, relevés sous la couverture. Sa chemise, tombée jusqu'à la pointe des seins, avait mis à nu ses épaules neigeuses, blondoyantes sous l'éclat de la bougie, qui découpait sur le mur sa fine et tremblante silhouette d'ombre. Qu'elle fut longue, cette lecture! Marcelle écouta, d'abord, avec la stupeur effarée des réveils brusques; mais, peu à peu, malgré elle, le sommeil la reconquit; ses paupières se fermèrent, sa tête mollit.... Alors Octave secouait sa femme brutalement.

— M'écoutez-vous, oui ou non?

Mais ni cette scène, ni la voix haineuse de son mari ne purent chasser l'invincible sommeil. Elle avait beau se débattre, tendre son esprit, elle était toute vacillante, la tête presque sur les genoux. Chaque fois que la brutalité de son mari lui arrachait une douleur trop vive, elle fronçait les sourcils et le dévisageait d'un regard calme, plein d'orgueil blessé, plein d'irréconciliable rancune. Se plaindre? Elle eût mieux aimé mourir.

Cependant, à force d'entendre à travers sa somnolence la lecture de ces lettres, dont chaque ligne lui rappelait une félicité perdue, elle finit par le revivre, ce passé qu'on lui imposait; les intermittences de ce sommeil halluciné l'isolèrent de sa chambre; la voix de son mari s'éloigna, confuse, bourdonnante; et ce fut la voix de Maurice qu'elle entendit, avec toutes les caresses de leur amour recommencé. Puis, un abîme noir.... tout se mêla... Elle s'endormit, au moment où Octave lisait cette phrase : « J'ai causé avec ton mari. Comment as-tu pu aimer un être aussi nul, un pareil poseur ? »

La colère aveugla M. de Champvan. Il se jeta sur sa femme, la prit par les épaules, la renversa sur l'oreiller et, grisé de rage, la souffleta.

Elle s'était juré de ne pas résister, de ne pas répondre ; mais ce soufflet la fit bondir.

— Oh! c'est lâche, vous savez, ce que vous avez fait là!

Et, saisissant la main d'Octave, elle lui tordit les doigts si furieusement, qu'on entendit craquer les os et que la douleur abattit M. de Champvan sur ses genoux.

— Tuez-moi, dit-elle, mais ne me frappez pas... Est-ce qu'on frappe une femme?.. Ah! vous venez de vous ôter le droit de me pardonner. J'étais décidée à me repentir, à expier ma faute, à oublier Maurice... Mais, je vous préviens, n'y comptez plus maintenant.... Je l'aime, entendez-vous?

Le mari s'était relevé ; il ramassa les lettres éparses, prit le bougeoir et, honteux peut-être de sa violence ou pris d'une terrible résolution, il sortit sans regarder Marcelle, en faisant battre la porte.

III

L'abîme d'indifférence qui séparait les deux époux et aboutissait à l'adultère de la femme, avait mis huit ans à se creuser. Marcelle, d'abord, nia l'évidence et se dit qu'Octave lui reviendrait. Ce ne fut qu'au bout de deux ans qu'elle reconnut l'argile de son idole. Ce jour-là, l'amour de cet homme ne lui parut plus qu'un caprice; ses phrases, de la pose mondaine; son instruction, des bribes courantes, du plaqué. Malgré la gentilhommerie de son aplomb, malgré ses hardiesses de vanité, qui lui donnaient le chic et l'aisance des niais de salon, elle le vit tel qu'il était : égoïste, fat, nul et menteur. Mais avant de le juger sans appel, que de nuits passées à l'attendre, à épier le bruit de son approche dans la rue déserte, le grincement de la serrure, quand il daignait s'arrêter chez elle ! Et si vous croyez qu'il s'excusait, lui ! il s'emportait, il se moquait d'elle.... Par combien de moyens, quelques-uns romanesques, n'avait-elle pas tenté de le reconquérir ? Tout en brodant, par exemple, elle faisait provision d'anecdotes, de drôleries, de souvenirs, pour égayer le tête-à-tête de leur repas. Elle disait, à table, tout ce qui lui venait à l'esprit, parlant sport, martingale, baccarat, modes, théâtres. Octave riait-il ? elle était contente. Le plus souvent, il se taisait.

Ah ! sa première désillusion.... elle en avait conservé la date.... un soir d'hiver... elle voulait le retenir au coin du feu, comme aux premiers jours de leur mariage. Elle avait mis, pour cela, des fleurs rares dans les vases, elle avait arrangé le salon avec cette symétrie de mignonne élégance dont quelques femmes ont le secret. Partout flottait un parfum d'intérieur, une poésie d'*at home*, qui eût forcé le plus turbulent des noceurs à oublier, dans une heure de cette paix conjugale, les ennuis étiquetés de la vie mondaine. Et si vous aviez vu, M. de Champvan étant encore à table, Marcelle aller et venir, trépignante de joie, avec des airs mystérieux, croyant, l'innocente ! qu'il aurait compris son petit trafic et que, par la porte entr'ouverte il aurait vu la théière et les gâteaux sur la table du salon. Ah ! oui ! il fumait tranquillement sans rien remarquer !

— « Il ne parle pas, il achève son cigare, se disait-elle, mais tout à l'heure !.... » Et, prenant par les pattes son chien Turc, qui rôdait sous la table, elle joua un moment avec lui. Tout à coup, elle s'arrêta ; M. de Champvan avait jeté son cigare, il passait ses gants, il allait sortir. Jamais désappointement plus navré ne pâlit un visage de femme. Elle le regarda, d'un air si douloureux, si étonné, qu'il lui dit :

— Quoi ? Qu'est-ce que tu as ?

— Tu ne restes donc pas ?

— Rester ici, à m'ennuyer ! Merci !.... Je vais au cercle.

Adieu bavardages, veillée, dorloteries du tête-à-tête ! Ah ! ce qu'elle sentit au cœur, ce soir-là ! Sa fierté d'épouse, ses exigences de femme en reçurent un coup mortel. Son mari sortit. Le domestique, croyant qu'on prendrait le thé dans la salle à manger, apporta les tasses sur un plateau, mais Marcelle lui fit signe de la main :

— C'est inutile. Emportez cela.

Ils restaient annuellement l'hiver à Nice. C'est là qu'elle vit son idole s'écrouler par morceaux, tomber en poussière. Octave passait la nuit au cercle, à cartonner, à tailler des bacs, pariant aux courses, aux régates, au tir aux pigeons, le jeu le plus ennuyeux, le plus cher qu'on ait imaginé. Il avait des maîtresses, quelques-unes les amies de Mme de Champvan ; il posait pour le gilet dans les salons, pour les sacs de bonbons dans les loges de théâtre.....

Et pendant ce temps, Marcelle traînait son ennui de fête en fête, au spectacle, dans les pique-nique à cheval sur les routes de Saint-André et de Villefran-

che, dans les réunions de ce Paris miniature, où le
hig-life cosmopolite se retrouve tous les ans. Elle
promenait sur ces plaisirs éparpillés ses grands yeux
indifférents et tristes, où se lisait un rêve de vision
plus haute, un tourment de réalité plus idéale que cet
exotique bariolage de mondains souffreteux, abritant leur spleen sous les citronniers en fleur. Jour
par jour, elle assista à la décadence morale de l'homme
qu'elle avait aimé. La facticité de son caractère, son
inguérissable égoïsme la détachèrent tout à fait. Il
lui devint, à la longue, indifférent. Elle le laissa
libre. Tout fut dit. Le mariage pour elle se réduisit
à quelques relations d'épiderme.

Néanmoins, pendant cinq ans encore, elle se garda
pure, non par vertu, peut-être, mais par orgueil.
L'orgueil, infranchissable barrière pour certaines
natures ! Ne voyant autour d'elle personne qui valût
la peine d'une faute ou d'un remords, elle s'isola de
plus en plus, rancunière, exilée, n'enviant rien,
comprenant qu'elle avait fini de vivre et malgré cela,
caressant en pensée l'inavoué besoin d'aimer un
homme d'un grand caractère, si grand, qu'à le rêver
même, on le sentait impossible. Repoussée de son
mari, dédaignée du monde dont elle méprisait les
plaisirs, elle se considéra, à force d'être incomprise,
comme un être à part, de substance différente ou
d'esprit médiocre, se faisant ainsi de son inconsciente
supériorité un motif d'humilité qui la rendit plus

modeste encore. Au fond, malgré cette aspiration vers l'irréalisable, malgré cet élan vers les chimères, elle *touchait de bien près, hélas!* au scepticisme du cœur, qui n'est que le dépit du bonheur manqué, lorsqu'elle connut Maurice. Voici comment ils se rencontrèrent.

Marcelle était une de ces rares femmes qui aiment la peinture et qui la comprennent. Elle avait lu les ouvrages des critiques d'art, où l'on prend le goût du beau, avant de se former une appréciation et des théories personnelles. A Noirçon, elle allait, aux heures d'ennui, bibeloter chez un marchand de la rue Marquise qui brocantait des meubles, des tableaux, des panoplies et des bronzes. Un jour elle resta pensive devant un paysage d'automne, navré et cru, d'une simplicité grandiose : des arbres défeuillés, des broussailles vagues ; au loin, des collines crayeuses, s'allongeant dans le crépuscule ; fin de journée d'octobre, ciel diaphane, feuilles tombées, branches fixes dans l'air surpris par les premiers froids. Elle voulut connaître l'auteur de cette œuvre. On lui désigna un jeune homme de vingt-trois ans, le teint blanc, les yeux noirs, la franchise au front, les cheveux coupés ras, et qui passait dans les rues, vêtu de toile, les mains dans les poches. Sorti des premiers de l'école des Beaux-Arts de Noirçon, il avait étonné ses maîtres par son travail et la sincérité de son talent. A la veille de partir pour Paris, où Labanel, un de ses parents, devait lui ouvrir son atelier et le lancer dans le monde artistique, on avait proposé au jeune homme de peindre, à Noirçon, les fresques de l'église Saint-Sauveur récemment construite. L'appât du gain lui avait fait renvoyer son voyage à Paris et l'avait décidé à rester trois ans encore dans sa ville natale. Il dut même, à ce sujet, signer un engagement avec l'Évêché. Sa mère ne voulut jamais, d'ailleurs, consentir à son départ pour Paris avant qu'il eût gagné la somme d'argent, assez considérable, que lui rapporteraient les décorations de Saint-Sauveur.

Mme de Champvan s'intéressa à lui. Elle en parla au marchand de tableaux, espèce de juif en robe de chambre, en bonnet de coton, dont la perspicacité ne se bornait pas aux œuvres d'art et qui devina bientôt l'inclination naissante de Marcelle. En effet, depuis qu'elle l'avait entrevu, la jeune femme, sauvée jusque-là des tentations mondaines, elle qui, pendant quatre ans, avait arrêté d'un éclat de rire les déclarations des tailleurs de bacs et les délires à froid, balancés dans les huit-ressorts ; elle qui fuyait enfin les amours frelatés du monde aristocratique, elle se sentit irrésistiblement attirée par cet artiste de vingt ans qui ne songeait pas à elle.

Un jour, elle le trouva chez le juif. Elle fut timide ; son cœur battit ; elle eut comme un avertissement de sa vie changée et de la place que cet inconnu y occuperait. Ils se saluèrent. Il était bien un peu gauche, lui aussi, devant cette élégante si pâle, devant ces yeux si noirs !... Ce fut elle qui rompit le silence.

— C'est vous, monsieur, qui avez brossé cette toile ?

— Oui, madame.

— Mais savez-vous que c'est presque un chef-d'œuvre ?

— Oh ! un chef-d'œuvre, madame !... Je n'en ai jamais fait.

— Mais vous en ferez, c'est sûr... on n'a qu'à voir ce tableau... J'adore les paysages... Mais, franchement, je n'en connais pas, sauf les grands maîtres, bien entendu, qui m'ait impressionnée à ce point. Cette éclaircie d'arbres dénudés... ces sillons bruns dans le crépuscule... C'est très beau, je vous assure... Cela vous navre... on a froid dans l'âme... Positivement... C'est vague comme un Corot, cru comme un Daubigny,..... d'un *rendu* très original.... A votre âge,... un pareil talent.... Vous irez loin, monsieur.

Maurice s'ébahit. Une femme lui parler peinture avec ce tact et cette justesse ! Il la poussa ; ils discutèrent l'école contemporaine de paysage, inconnu des classiques. Les noms des artistes à la mode lui étaient aussi familiers que ceux d'Hobbéma ou de Ruysdaël, dont elle appréciait la manière avec une finesse qui prouvait de l'intuition, plus encore que de la lecture. De son côté, elle vit qu'il savait autre chose que peindre. Ce qui la frappa surtout, ce fut l'humilité de son attitude, cette sorte d'effarouchement, habituel aux hommes qui vivent dans le cénobitisme de l'art. Ses yeux avaient le vierge reflet d'une âme où l'existence n'a pas encore laissé de lie. Elle l'interrogea. Il parla de sa mère. Mᵐᵉ de Champvan entrevit la femme du peuple, tricotant près du chevalet de son fils, en attendant le jour où son enfant serait un grand artiste, gloire à laquelle, comme toutes les mères, elle croyait en branlant la tête et qu'à cause de son grand âge elle avait peur de ne pas voir. Il parla aussi des carrières qu'on lui avait proposées, des positions ratatinées et aplatissantes qu'on lui avait offertes. Il avait l'air de vivre dans une sphère à part, où les autres, disait-il, lui apparaissaient dans une perspective lilliputienne. Hors de l'art, rien.

Mᵐᵉ de Champvan l'invita à venir chez elle. Dès ce jour, ils eurent officiellement des entrevues régulières, de longues conversations.

— Un artiste comme vous.... disait Marcelle, c'est à Paris qu'il faut aller...

— On me le dit, madame...

— Mais certainement.... Qu'est-ce qu'une réputation en province ? Même une réputation sérieuse ? Elle peut vous donner de l'argent,... mais un nom ? jamais !

— Oui, répliquait Maurice... C'est le baptême,

Paris !... Tout ce qui pense, tout ce qui tient un pinceau ou une plume... tous n'ont qu'un but : Paris !...

— Et ils ont raison ! disait Marcelle, nonchalamment reposée sur le divan, dans une attitude qu'on eut crue distraite, sans l'ardeur de ses regards fixés sur Maurice.... Ils ont raison... Vous-même, devez-vous être malheureux ici, à Noirçon !...

— Malheureux, madame.... Oh ! non. Je travaille... je gagne ma vie... j'aide ma mère.... Ah ! c'est ma mère qui ne demanderait pas mieux que de rester à Noirçon !... Paris lui fait peur, la pauvre femme !... Au fond, elle comprend très bien que mon avenir est là-bas... Et j'y serais même déjà, sans l'engagement que j'ai dû signer avec l'Évêché, pour les décorations de Saint-Sauveur.... J'ai, d'ailleurs, un oncle à Paris, le peintre Labanel...

— Labanel, professeur aux Beaux-Arts ? Une célébrité....

— Un grand artiste, madame... un peu gâté par l'école, par la tradition, par le culte de la ligne,.... un peu grisaille, si vous voulez, mais d'une intensité, d'une pureté, d'une élévation incontestables.

— Enfin, voilà votre avenir assuré.... Avec du talent et du travail....

— Ah ! s'il ne fallait que du travail !... Mais vous-même, madame.... Ce goût, cette connaissance exquise des choses d'art.... Chez une femme... savez-vous que c'est tout simplement extraordinaire ?

Marcelle sourit.

— Mais non ! C'est tout naturel, au contraire... Pure distraction chez moi... Passe-temps de femme ennuyée.... Simple question de contrastes.... Tous ces bonshommes avec qui ma condition m'impose de vivre, ont fini par me donner l'amour des choses vraies, réelles... ou idéales, si vous aimez mieux, ce qui revient au même... J'ai lu... cela m'a intéressée... Et je ne comprends pas qu'on ne se passionne point....

— Vous devriez peindre, madame ! Vous auriez vite appris le dessin....

— Moi ! peindre !... Vous plaisantez... Me voyez-vous devant un chevalet, brosse en main.... avec le tablier des copieuses du Louvre ?... Tout au plus, suis-je bonne à admirer.... Encore mon admiration est-elle un peu bêta, un peu bourgeoise... Impressionisme d'amateur, voilà tout.

Elle voulut avoir son portrait en miniature, fait par Maurice, à quoi M. de Champvan consentit, ayant trop besoin d'indulgence pour discuter les fantaisies de sa femme. Il protégea même le jeune homme et l'invita quelquefois chez lui, comme un collégien les jours de sortie. Quelle surprise, quel ravissement pour Marcelle de se sentir aussi jeune que le jeune paysagiste ! Elle avait beau avoir vécu, elle avait beau avoir souffert, toute son expérience aboutissait à ce besoin de préjugés secoués, à ces vues originales, à ce mépris des conventions, à cette gaieté de caractère qui étaient le fond même de la nature de Maurice. Elle s'y prit, enfin, de telle sorte, que son mari admit bientôt à ses soirées cet ancien élève de l'école des Beaux-Arts, qu'on voyait en blouse, de huit à neuf heures du matin, perché sur un échafaudage de l'église Saint-Sauveur. Et elle fit tout cela naïvement, sans coquetterie, sans se douter qu'elle courait dans les bras du jeune homme. Séduite, elle croyait l'être ; mais par ses seules qualités d'âme vraiment exceptionnelles. Jamais, en effet, on ne lui découvrit une petitesse, une fatuité, une pose. Tous les mêmes, ces papillonneurs de salon : lui ne ressemblait à personne. Fuyant le monde, à genoux devant l'art, ni la richesse, ni l'élégance ne le tentaient. Avec cela, une naïve distinction, qui rendait charmante cette sauvagerie de droiture. Marcelle fut bientôt contrainte de reconnaître qu'il était bien celui qu'elle cherchait ; qu'il dépassait même l'idéal confus qu'elle s'en était fait. Et alors, elle, la dédaignée, elle qu'on disait bête, parce qu'elle se dispensait de parler devant ceux qui n'ont pas d'idées, elle dont la vie depuis huit ans n'avait été qu'une lente abdication de bonheur, tout d'un coup, elle fut reprise, harcelée, mordue par son rêve inaccessible, son beau rêve d'amour, commencé sous les orangers de Nice.... L'enchantement des premières tentations endormit sa volonté et l'empêcha de réfléchir. Elle fit, sans y prendre garde, tout ce qu'il fallait pour aimer Maurice et le rendre amoureux d'elle, trouvant, sans les chercher, toutes sortes d'occasions de le mêler à sa vie. C'est ainsi qu'elle voulut un autre portrait, un portrait en pied, cette fois.

Ce fut pendant les quinze séances consacrées à ce travail que leur amour se développa. Le mari, ayant refusé d'envoyer sa femme à l'atelier, Maurice s'installa dans un petit salon de l'hôtel de Champvan, devant Marcelle, assise dans un fauteuil, en robe de soie bleue.

Là, il put la regarder librement, la caresser des yeux, l'envelopper d'admiration. Elle était si jolie, dans son immobilité forcée ! Ses prunelles noires avaient une douceur de rêve. On la voyait perdue, absorbée, ravie, dans la contemplation de Maurice ; si bien qu'à la fin, ce silence devint extase ; cette extase de la passion muettement débordante ; plus de modèle ni d'artiste : deux amants, l'amour aux lèvres, s'étreignant des yeux. Appel magnétique, transfusion d'âme qui rapprochait leur chair comme dans la promesse d'une volupté prochaine ! Comment dire le chemin que fit leur amour pendant ces heures-là ? Ce repos d'attitudes, ce calme du corps, cette pose inconsciemment sollicitante donnaient à la beauté de Marcelle une séduction souveraine. Le haut de ses épaules ainsi qu'un côté du visage, se moirait de lumière, le commencement des seins se veloutait d'ombre ; la lassitude du même sourire figé crispait un peu le coin de sa bouche, et le soulèvement régulier de son corsage troublait seul l'immobilité de cette statue vivante, fascinatrice, éperdument désirable. Maurice y songea longtemps après, à ces séances, et c'est pourquoi il fit de ce portrait une œuvre parfaite, ayant à jamais l'image du modèle gravée en lui.

Plus il fréquenta Mme de Champvan, plus il s'étonna de son caractère original, de sa supériorité d'esprit. Jeune, élégante, elle n'avait rien de cette nervosité mondaine que surexcitent, chez les femmes, la coquetterie, l'esprit de conversation, le goût du luxe. Tout en elle était harmonie et équilibre. Pas plus d'éclat dans la voix que d'emportement dans le caractère. Toujours même réserve de paroles, même sérénité de visage, même charme un peu froid d'accueil. Cela surtout attirait Maurice, bien à son corps défendant, je vous assure, car il faisait tout son possible pour ne pas aimer Marcelle. Bien plus : il la méprisait. Oui, il la méprisait, et tout le monde aussi la méprisait, à Noirçon. Voici pourquoi :

IV

Sa vie émiettée, la confiance que lui inspirait sa femme, avaient, peu à peu, décidé M. de Champvan à ouvrir son hôtel à quelques amis, camarades de plaisir ou de jeux, la plupart banals, quelques-uns compromettants. D'abord, le beau Paul de Gérard des Rougeraies, un gommeux de province, excellent, blagueur, infatué de généalogie, gonflé d'orgueil nobiliaire, parlant caves, ancêtres, chevaux, fortune ; M. de Gerbeaud, un original, celui-là, un cocasse, un fou, bel homme, posant pour la taille, pour le chic, pour la chevelure, chevelure savante, buchée, la raie au milieu, bouffante sur les tempes et couronnant son front d'un buisson majestueux dont ses doigts maintenaient sans cesse l'écartement d'auréole. De haute taille, sanglé dans sa redingote, moulinant de la canne entre le pouce et l'index, il s'engonçait comme un pitre, vous regardait en halluciné, remontait sa barbe d'un soulèvement fier du menton et ne parlait que par monosyllabes, par phrases déclamées, par bribes, par citations en loques, ramassées dans des détritus d'almanachs et de mélodrames. Jamais un mot sérieux, mais des scies, des scies, dont il se servait même en guise de réponse dans la conversation courante. Sa citation la plus entêtée était celle-ci, qu'il débitait d'une superbe voix de baryton :

— Vous êtes le curé de Lozerte ?
— Monseigneur, oui, certe !
— Ce grand rimailleur ?
— Oui, Monseigneur.
— Vous avez là un beau cheval. (Il prononçait chouâ).
— Monseigneur, vous parlez mal !
— Comment ?
— C'est une jument.

Il ne restait jamais une heure sans citer cet extrait monumental. Le reste du temps il sifflait ou chantait avec accompagnement de monosyllabes : « Aïe papa ! » « Joli garçon, qui t'a coiffé ? — C'est maman ! » — « Et d'une, Rochegune ! » lorsqu'il entrait. « Adrien-nne de Cardoville ! » pour saluer. « A la chaux canards ! » pour exprimer son indignation. « Après vous, s'il vous plaît, » à la seconde phrase qu'on lui adressait.

Il affectait une intonation soi-disant « parisienne » consistant à faire sonner du nez les *an* et les *on*. Enfin, il avait remplacé le mot *beau* par le mot *pur sang*, auquel il ajoutait quelquefois, comme superlatif, le mot *anglais*. Ainsi il disait : une cravate pur sang, un visage pur sang, un cachet pur sang anglais. Le mot *doucement* qu'il prononçait : « douz - mon ! » était un de ses mots favoris. Il l'employait comme les virgules dans le style, pour ponctuer ses idées. Rien de plus comique que ses colères : une enfilade de jurons inédits, finissant par ce refrain : N D. D. de N. D. D. de N. D. D de N. D. D.! » Il s'admirait vingt fois par jour dans la glace :

— Hein ? croyez-vous que j'ai une crâne tête de marquis ?

Venait ensuite un certain de Mallane, décavé, chauve, spirituel, la face enluminée, le bout du nez rougi d'une pointe d'ivresse permanente, qui lui donnait une verbosité folâtre, non sans charme, à l'écouter en passant. Le couvert était toujours mis pour ces trois messieurs. Ils s'installaient là comme chez eux. Marcelle s'amusait à les faire causer. Il fallait entendre les blagues alambiquées, les fadeurs galantes du beau Gérard des Rougeraies, les déclarations alcooliques du sentimental de Mallane, les « aïe papa, » les « curé de Lozerte, » les « douz - mon » de Gerbeaud ; il fallait les voir, ces trois toqués, arpentant le salon, rivaliser de verve bête. M. de Champvan les adorait ; en rentrant, il les trouvait chez lui.

— Dites donc, lui criait parfois Gérard des Rougeraies, nous faites-vous poser, hein ? Nous avons failli attendre... Vous savez, je suis à jeun, moi, je vous le dis carrément... un homme à jeun n'a plus d'amis... Vous n'avez pas faim, vous, de Gerbeaud?

— Moi faim?... As-tu fini? Estomac de fer!... Poitrine pur sang...

— Mazette! ajoutait de Mallane, moi qui ai raté l'heure de l'absinthe pour n'être pas en retard!

— Êtes-vous bons de vous gêner, disait M. de Champvan, pourquoi ne pas vous mettre à table?

— Monseigneur, oui, certe! déclamait de Gerbeaud qui se promenait, la main dans les cheveux.... si l'on m'avait écouté,... y a beau temps qu'on aurait dîné!...

Marcelle se plaisait surtout à gonfler la vanité du beau Gérard, qui lui déroulait, comme un ressort, le fantastique chapelet de ses blagues, en battant des cils, car son aplomb, disons-le à sa louange, lui manquait toujours un peu lorsqu'il mentait.

— Savez-vous que vous avez une jolie voix? disait-elle à de Gerbeaud.

— Une jolie voix, madame!... Mais c'est-à-dire qu'à l'heure qu'il est, si mon crétin de père n'avait pas contrarié ma vocation, je serais baryton pur sang à notre académie nationale de musique!...

D'autres fois, se tournant vers de Mallane, toujours décemment émêché :

— Quoi de nouveau, monsieur de Mallane?

— Rien du tout, belle dame, sinon que vous êtes une adorable créature... Savez-vous ce que je fais ici et pourquoi je viens ? Je viens pour vous regarder, pour prendre le goût du mariage... Une femme comme vous ou pas d'autres... Voilà mon opinion... Oui, une femme supérieure devant qui je puisse brûler l'encens de ma pipe... une femme qui ait assez d'esprit pour oublier que je n'en ai pas... Qu'est-ce que vous voulez ?... Je suis un idéaliste, moi... Je crois à la femme !

— L'amour ! criait de Gerbeaud... *qué qu' c'est qu'ça ?* L'amour pot au feu... oui, mais le reste ! va te promener avec ton idéal ! Tenez, voulez-vous savoir mon rêve à moi ?... Une chanteuse !... Oui, monsieur, une chanteuse !... être l'amant de la Patti... *e poi morire !*...

Souvent de Mallane prenait à part M. de Champvan, et d'une voix comiquement entrecoupée :

— Octave, j'aime ta femme... ça ne peut pas durer comme ça !

— Va donc boire un verre d'eau, répondait le mari.

Le beau Gérard intervenait :

— Assommant ! aucune tenue... fiche nous la paix !

De Gerbeaud renchérissait :

— A la chaux canards ! aïe papa !

De Mallane, alors, se rebiffait contre Gerbeaud :

— Tu nous ennuies, toi, avec tes bouts de style ! Non, franchement, c'est pas un homme, c'est un dictionnaire monosyllabique... Il finira par ne plus savoir parler,

— Monseigneur, oui, certe, répliquait l'autre, sérieux et rengorgé.

Et il continuait, sur le ton d'un jeune premier de banlieue :

> Sire, je ne viens point vous demander ma fille ;
> Quand on n'a plus d'honneur, on n'a plus de famille ;
> Qu'elle vous aime ou non d'un amour insensé,
> Je ne veux rien reprendre où la honte a passé.

— Quel tas de fous ! s'écriait M, de Champvan en riant aux larmes.

Ces gens-là étaient les fréquentations bouffonnes de M. de Champvan. Il en avait d'autres, certes, mieux choisies et de meilleur ton Il venait notamment chez Marcelle quelques hommes de galante renommée, pour qui la conquête d'une femme n'est qu'un fleuron d'amour-propre, un nom de plus ajouté à une liste libertine. En fallait-il davantage pour compromettre Mme de Champvan ? Elle eut d'abord, contre elle, les calomnies de ses égales, furieuses de ses dédains, et les bavardages de la classe bourgeoise, naturellement jalouse de l'aristocratie. En cela pareille à beaucoup de femmes, elle fut perdue de réputation avant d'avoir rien à se reprocher. Nul ne connaissant la grandeur de ce caractère à part, on la jugea à l'aune commune, c'est-à-dire que l'on regarda comme des chutes les occasions qu'elle eut de faillir.

On affirma qu'elle était la maîtresse du beau Gérard des Rougeraies. Or, entre nous, savez-vous ce qu'il advint à ce pauvre Gérard? A bout de simagrées sentimentales, seul avec Marcelle, il avait risqué une déclaration en règle, accompagnée d'un éreintement du mari. Mᵐᵉ de Champvan s'était levée. Elle n'eut qu'un mouvement de tête, écrasant d'ironie :

— Vous vous êtes trompé de porte, Monsieur des Rougeraies. Votre place n'est plus ici. Veuillez sortir immédiatement.

Il sortit furieux, le bellâtre !

— Me parler de la sorte à moi, Paul de Gérard des Rougeraies !... Jamais personne ne se l'est permis, madame ! Vous vous en souviendrez !

Il ne revint plus. Elle n'eut pas de pire ennemi. Après lui, elle passa pour la maîtresse d'un banquier, un doux jeune homme, incapable de vouloir la séduire qui, précisément, avait fait la confidence à Mᵐᵉ de Champvan, d'une liaison, publique, du reste, avec une femme qu'il adorait.

— Vous ne serez jamais heureux si vous la quittez, lui disait Marcelle.

Personne de plus respectueux, de plus délicat que le banquier. Mais le public ne le savait point, et c'est justement parce que le public ne sait rien qu'il croit tout. Le moyen d'ailleurs que dans une maison, ouverte à deux battants aux galanteries entreprenantes et où les époux vivent à peu près à part, le moyen qu'une femme jolie et jeune n'ait pas sa réputation atteinte ? La présence seule d'un homme pendant l'absence du mari autorisait les soupçons.

Une amie de Marcelle, nommée Léonie, vint s'établir à Noirçon. L'intimité des deux femmes, amena bientôt l'intimité des deux maris. Ce fut une camaraderie à quatre, qui finit par compromettre Marcelle, grâce à son mépris de l'opinion et à ses franchises de gaieté. On la vit, le soir, au bras du mari de Léonie, lequel accompagnait maintes fois chez elle Mme de Champvan. Vous pensez ! Dans une sous-préfecture !... Une dame oser accepter, la nuit, le bras d'un monsieur !...

Il y a, du reste, en province, certaines femmes sur qui le mépris s'acharne de préférence... Une démarche sautillante... un *chic* particulier de toilette... la taille un peu bien prise... un regard trop vif... autant de choses qu'on ne pardonne pas dans une petite ville. Il en faut si peu pour flétrir une femme ! Un mensonge bien lancé...

Et voilà pourquoi Maurice méprisait Marcelle. Trop jeune pour apprécier à sa vraie valeur l'opinion publique, formée du jugement collectif d'un certain nombre d'individus qui, pris séparément, n'ont presque jamais la preuve de ce qu'ils croient, le pauvre garçon se reconnaissait incapable de se sauver d'un amour sincèrement accepté. Aussi, tout d'abord, s'efforça-t-il de l'oublier, cette coquette qu'il croyait si dangereuse ; mais, jour par jour, à son insu, il perdit du terrain. Marcelle l'attira sans rien faire pour l'avoir, et il se donna, pensant avoir tout fait pour lui échapper. Ainsi, en se défendant pied à pied, un soldat tombe aux mains ennemies.

V

Un jour, Maurice allait prendre congé d'elle. Ils étaient tous deux dans l'embrasure de la fenêtre, parlant d'un suicide d'amour qui faisait quelque bruit à Noirçon.

— Vous n'avez jamais aimé ? lui demanda Marcelle brusquement.

— Moi, madame ? Aimer quelqu'un !.. quelle folie ! C'est bien inutile...

— Pourquoi donc ?

— Parce que je ne trouverai jamais une créature capable de comprendre les premiers mots de ma déclaration...

Elle se mit à rire :

— Quoi ! pas même les premiers mots ?... Ils sont bien pourtant toujours les mêmes, ces mots-là !.. Voilà six mille ans qu'on les répète !...

— Oui, mais le sens qu'on leur donne !..

— Oh ! le sens, non plus, n'a pas beaucoup changé... Dites plutôt que c'est un parti pris... Nous avons tous, d'ailleurs, la prétention de ne jamais rencontrer celui ou celle qui doit nous comprendre, comme disent les romans.

Il l'interrompit :

— Si ! dit-il, on la rencontre un jour, cette femme... Mais si riche, si élevée, si inaccessible qu'il faut bien se résigner à la perdre... ou à l'aimer seulement d'une de ces tendresses idéales et muettes, comme on aime Dieu et les anges....

Marcelle devint pourpre. Son sein se gonfla ; elle ferma les yeux.

— Alors, murmura-t-elle... à quoi bon, n'est-ce pas ? risquer son repos contre une désillusion certaine ?... Les plus beaux rêves, qu'apportent-ils ? Le réveil... c'est-à-dire, l'amertume, — la douleur...

— Qu'en savez-vous, madame ? Vous êtes heureuse, vous ! Que pouvez-vous désirer ? Que vous manque-t-il ?

— Ce qu'il me manque ? dit-elle...

Et elle ajouta, à voix basse, en désignant des yeux son mari qui entrait :

— Ne le devinez-vous pas ?

. . . .

— Ma foi, tant pis ! se dit Maurice en rentrant chez lui. Je l'aime, cette femme... J'en suis fou.. — Si je lui écrivais ?... Pourquoi pas ?... C'est si vite fait, une lettre ! Et au moins, on sait à quoi s'en tenir... Bulle de savon, échange de deux fantaisies...

Quand ça ne durerait qu'une nuit !... — Écrivons !

Comme tous les débutants, au lieu de chercher des occasions, il écrivit l'éternelle lettre démodée, banal truc scénique, vieilloterie littéraire, inéluctable ressource des éloquences à tête reposée. Maurice crut avoir fait une lettre rouée et savante : elle ne fut qu'un cri d'amour vrai.

— Ma tête à couper qu'elle répondra ! se dit-il en la cachetant.

Malgré ce parti pris de scepticisme, il tremblait d'attente ! Contradiction curieuse : il ne le désirait pas. Elle se fut mise au front, en ne lui répondant, pas une auréole de résistance et d'honnêteté, qui eût ennobli l'amour du jeune homme ; mais elle n'y songeait pas, la naïve créature ! L'aveu de Maurice la déconcerta. Elle se rappela son attitude, ses silences émus, l'admiration de ses yeux, pendant qu'il avait peint son portrait. Il l'aimait donc ? — Oui. — Sérieusement ? Elle ne l'examina pas. On lui disait de répondre. Elle répondit. Maurice la reçut, la fièvre aux mains, cette lettre, et son cœur remua de joie en lisant la fine écriture tracée sur papier anglais :

« Votre lettre, à laquelle vous voulez que je réponde, me rend perplexe. Vraiment, vous m'aimez autant que vous le dites ? Mais qu'est-ce que je puis vous donner, moi, en échange de cette belle jeunesse, que vous m'offrez avec tant d'abandon ? Accepter un pareil bonheur, n'est-ce pas pousser trop loin l'égoïsme, et dois-je, en conscience, vous laisser me sacrifier vos vingt ans et votre avenir ?... Si c'est là la voix de la raison, il en est une autre qui parle bien plus haut en moi et qui me dit, qu'en vous écoutant, j'oublierai que j'ai souffert.

« Vous me demandez si je veux vous aimer, si je vous aime ?

« Le sais-je ? Je vous regarde... je guette votre passage sous mes fenêtres ; j'attends avec émotion vos visites. Je souffrirais beaucoup s'il fallait me sevrer de ces chères habitudes ; enfin, depuis que je vous connais, je me sens redevenir bonne, jeune, enthousiaste comme vous... — Est-ce vous aimer, cela ?

« Avez-vous bien songé, mon pauvre ami, aux ennuis que vous vous créez ? Vous êtes-vous dit que j'ai souffert, que je suis, par conséquent, plus susceptible qu'une autre d'être froissée, c'est-à-dire exigeante ?...

« Vous ne me connaissez pas. Vous n'avez aucune science de mon caractère, de mes principes, de mes idées, et vous voulez m'aimer !... Où nous mènera cette affection ?... Vous allez partir pour Paris... Nous serons séparés... pour toujours, peut-être... Voyons, ne trouvez-vous pas que j'ai tort, grandement tort d'accepter plus que votre amitié ? Aurez-vous, d'ailleurs, la force de tenir vos promesses ?

Je vous en prie, songez-y... Je ne veux pas vous voir malheureux par moi ou à cause de moi...

« Je suis votre aînée, ne l'oubliez pas. J'ai vu le monde ; j'y ai appris à beaucoup observer. Mon amitié pourra vous être utile quelquefois ; ne craignez jamais d'en abuser.

« Répondez-moi une longue, bien longue lettre... poste restante... J'enverrai la femme de chambre.

« MARCELLE. »

Pouvait-on mieux le lui dire qu'il était aimé ? Toute la douceur d'âme de Madame de Champvan avait passé dans ces lignes. C'était de la surprise et de l'impuissance sans hypocrisie. Maurice en fut frappé ; les perspectives de cet amour s'étalèrent à ses yeux, rien qu'en aspirant le parfum de cette lettre plus odorante qu'une chevelure. Il revit sa taille sveltement coquette, son front haut, ses regards d'éclair sous ses lourdes paupières... Il tenait donc dans les mains une lettre d'elle ! Elle, une des plus riches, une des plus jolies femmes de Noirçon ! Sincère, adorant, vaincu d'amour, il se reput de cette orgueilleuse délectation, puis l'idée qu'elle avait eu des amants lui redonna peu à peu son scepticisme dépité :

— Suis-je stupide ! Ne vais-je pas me monter la tête, parce qu'une femme du monde daigne trouver ma peau blanche et a remarqué mes yeux, qui ne sont, à tout prendre, pas plus laids que d'autres !

Et il commentait la lettre :

— Est-ce froid ! Est-ce calculé !... Pas d'élan, point d'enthousiasme ! Du raisonnement, de la discussion. Une femme maîtresse d'elle-même, qui pèse ses chances de plaisir, qui en prévoit les ennuis, qui recule, tout en avançant !

Il éclata de rire. Il se croyait blasé, ce jeune homme qui n'avait encore aimé que les horizons brunis et qui n'avait eu pour maîtresse qu'une petite ouvrière folichonne, le trompant avec des employés de magasin ! Son scepticisme n'était, à vrai dire, qu'une réaction de sa franchise. Se sentant, malgré sa peur d'être dupe, de plus en plus incapable de résister, la conscience d'une aussi lâche faiblesse lui donnait des rancunes contre Marcelle. Mais l'éducation de cette femme, sa pénétration artistique, ses idées à part, comment concilier tout cela avec les récidives galantes dont on l'accusait ? Il la rencontra le lendemain dans la rue. Elle l'arrêta.

— Vous avez reçu ma lettre ?
— Oui, madame.
— Quand me répondrez-vous ?
— Ce soir.
— Sans faute ?
— Oui.

Ils restèrent béants, l'un devant l'autre, l'âme

anéantie de tendresse. Elle souriait, sans provocation, le caressant du regard ; ses yeux brillaient sous la voilette ; lui, tremblant et saisi, le chapeau à la main, les cheveux coupés ras, en veston noir, il l'admirait.

— C'est convenu, n'est-ce pas ? dit-elle en s'éloignant, j'attends une lettre, demain matin, poste restante, deux F... Tâchez d'écrire long.

Elle le quitta. Il la vit, au coin de la rue, se retourner pour l'apercevoir et relever d'une main le bas de sa robe, qui découvrit, sous des dentelles de neige, un bas blanc finement tiré. Maurice, en ce moment-là, était si fier, si heureux, que, de joie, il eût embrassé les passants. Le soir, ses doutes s'évanouirent, il écrivit à Madame de Champvan avec sa sincérité la plus naïve, lui raconta ses rêves, l'inclémence de sa vie, implora l'appui de son affection, enfin, il remua si bien les délicatesses et les dévouements les plus secrets de Marcelle, qu'il étouffa dans le cœur de la jeune femme l'appréhension qu'aurait pu lui inspirer l'inexpérience d'un garçon de vingt-trois ans. Elle répondit à sa lettre. En province, les lettres jouent, en amour, un rôle important. La difficulté de se voir établit d'interminables correspondances, très curieuses, très instructives pour un chercheur de *documents humains.*

Ce fut une passion tumultueuse, bouleversante qui envahit Maurice, passion bizarre, contradictoire, pleine de colères et de soumissions, d'offenses et de respects. Le plus souvent, las de cette lutte, il s'abandonnait à la croire, il acceptait son bonheur ; il ne doutait plus.

Tous les soirs, à quatre heures, on le voyait sur les Allées, promenade plantée de tilleuls, avec une avenue au milieu pour les voitures Peu de monde à cette heure-là. A peine, de temps à autre, un équipage emporté dans la poussière... Mme de Champvan arrivait en voiture découverte. Elle faisait ralentir le pas des chevaux, en apercevant le jeune homme, qu'elle suivait ensuite des yeux, pendant qu'il marchait presque à côté de la voiture. L'échange de leurs regards, l'appel muet de leurs sourires était mélancolique et silencieux, bien en harmonie avec l'alanguissement du ciel et la solitaire perspective des arbres défeuillés, qui montraient, au loin, après le coucher du soleil, de larges bandes couleur groseille, des plaques de lie de vin, banales à voir et surannées en peinture.

VI

Il passait, un soir, sous les fenêtres de l'hôtel de Champvan. Une vive clarté illuminait la mousseline des rideaux. Une soirée, peut-être ?.. Il entendit le piano; il crut voir passer des ombres.... De quelle jalousie sauvage il fut mordu tout d'un coup ! Marcelle lui apparut, exaspérante de coquetterie, emportée dans la danse, fouettant de sa robe les jambes des valseurs ! Le moyen de n'avoir pas d'amants, quand, à demi déshabillée, on livre sa taille au premier venu ? Ses rancunes s'éveillèrent. Il trépigna de dépit. Ah ! s'il avait pu reprendre son cœur !

Soudain, un bruit dans la rue... il se retourna... c'était la femme de chambre.

— Monsieur est absent. Madame vous a aperçu et vous prie de monter.

Il s'élança dans la cour, franchit le perron et entra. Sur le palier du premier étage, inquiète, ravie, un doigt sur la bouche, Marcelle le regardait monter ;

entre les barreaux de la rampe son petit pied s'avançait sous sa robe.

Elle le conduisit dans le salon, tendu de rouge, avec des fauteuils, un tapis et un divan rouges ; la lumière de la lampe nimbait toute la pièce d'une poudre de vermillon, d'un brouillard écarlate, d'une lumineuse couleur de coquelicot. Ils s'assirent sur le divan.

— J'ai cru qu'on dansait chez vous, dit Maurice.

— Non, répondit-elle. J'étais seule. Je m'ennuyais. Je me suis mise au piano.

Ce tête-à-tête imprévu la décontenançait ; de petits frissons, courant le long de son corps, empêchaient son sourire de rester sur ses lèvres. Elle parla de choses banales :

— Je ne m'attendais pas à vous voir, ce soir.

— Ni moi non plus... Je me promenais...

L'émotion lui coupait la voix. Maintenant qu'il touchait sa robe, maintenant qu'il voyait ses cils noirs, cette taille souplement enfoncée dans la mollesse du divan, Maurice était subjugué, l'amour le ressaisissait ; ses peurs mauvaises disparurent, étouffées dans l'atmosphère de tiédeur confortable où il entrait, et qui ajoutait à sa passion l'intensité fascinatrice que le luxe ajoute à la beauté. Grisé soudain, confiant, éperdu de jeunesse, il s'accroupit à ses genoux et lui parla de ses lettres, avec quels regards, avec quel tremblement ! Ses propres phrases enivraient sa voix défaillante. Marcelle lui prit les mains avec une joie effarée, qui baissait et relevait brusquement ses paupières. Il chercha ses lèvres ; elle le repoussa, prise d'effroi et, le regardant en face, lui tenant les mains sur ses genoux :

— Aimez-moi, dit-elle... Je veux bien... Mais que ce soit sérieusement, entendez-vous ? Votre estime, surtout !.. il me la faut.... N'est-ce pas trop exiger de vous ? Comprenez-vous bien ce que nous jouons tous les deux, à quoi nous nous engageons ? Vous vous imaginez, vous me l'avez écrit, que l'expérience nous blase ; que, plus une femme a vécu, plus vite elle se lasse d'aimer. C'est pourtant tout le contraire, mon ami.... L'attrait de la nouveauté, le besoin de changement, autant de choses inhérentes à la jeunesse. Et vous êtes si jeune !.... C'est cela qui me fait peur. Voilà pourquoi je me dis quelquefois que j'ai peut-être eu tort d'accepter de vous autre chose que votre amitié. Qui sait ?.. Peut-être aussi le regretterez-vous... Voyons, parlez-moi, rassurez-moi. Dites-moi bien que vous saurez m'aimer comme je l'entends.

— Si je saurai vous aimer comme vous le voulez ! s'écria-t-il. Mais c'est ce que j'ai rêvé, moi, ce que vous me dites là ! Peur de ma jeunesse ? Et pourquoi ? j'en serai bien mieux à vous, bien plus irrévocablement, ne le sentez-vous pas ? Elle est à vous, cette jeunesse, elle est votre garantie, gardez-la ; je n'ai que cela à vous offrir.

— N'est-ce pas tout ? murmura-t-elle.

Les lèvres sur ses mains, il ne l'écoutait pas :

— Me reprendre une fois à vous? est-ce possible? Mais je le voudrais que je ne le pourrais pas.

— Qu'en savez-vous? dit-elle... L'avenir...

— Oh! l'avenir, j'en réponds... Et tenez, si je vous disais que c'est de vous que j'ai peur ?

— De moi ?

— Oui, de vous. Votre vie est si différente de la mienne. Ces plaisirs, ces réceptions... Tantôt je me figurais qu'on dansait chez vous. Eh bien! j'ai cru qu'on me piétinait le cœur. Je vous ai haïe.

— Mon pauvre ami, s'écria-t-elle, si vous me connaissiez !... Les fêtes, le monde !... Si vous saviez le cas que j'en fais !

— Rien à craindre, alors? murmura-t-il d'une voix plus familière.

Et elle, avec un sourire d'ironie convaincue :

— Non, allez ! Vous pouvez être tranquille !

Il arrondissait, toujours à genoux, son bras autour de sa taille. Il voulut l'embrasser ; elle le repoussa encore, exigeant qu'il lui parlât de son amour, dont elle écoutait l'aveu avec une sorte d'ivresse dans les yeux, l'interrompant à chaque instant par un mot, toujours le même :

— Vrai ?... Vrai ?... Bien sûr ?... Bien sûr ?

C'était donc là cette inabordable, cette orgueilleuse

Madame de Champvan [1] — Une jeune fille, presque une enfant, résignée, vaincue, soumise.

Il se souvint, tout à coup, qu'il n'avait pas de clef et que sa mère l'attendait. Il se leva.

Peut-être y avait-il dans ce départ un peu de coquetterie, un peu de dépit du baiser refusé deux fois. Mais elle le força à se rasseoir.

— Regardez-moi,…… Que je vous voie bien.

Sa pudeur s'habituant à ce tête-à-tête, elle recueillait, elle concentrait sa joie en un long sourire d'admiration. Maurice la sentait s'abandonner.

— Il est tard, répétait-il, maman se fâchera.

Ils étaient debout, au milieu du salon.

— Encore un moment, venez.

Il revint, et la serrant brusquement contre sa poitrine, ses lèvres, durant une minute, restèrent sur les lèvres de la jeune femme. Une défaillance, un râle de bonheur s'étouffa dans sa gorge. Puis, brusquement, elle se dégagea.

— A demain, dit-elle, pâle, sérieuse, en le poussant vers la porte.

VII

C'était peu de chose, ce rendez-vous ? Maurice y songea pourtant tout le lendemain. Quels gourmets, ces amoureux ! Comme ils vous dégustent un souvenir, minutieusement, dans tous ses détails !... Maurice revoyait les petits pieds de Mme de Champvan, sa taille fléchissante, quand il avait baisé ses lèvres, sa peau blanche, ses cheveux embaumés... L'habitude de mêler ses émotions à des sensations de paysage et de grand air le poussa à sortir, à aller se promener au fond des bois, pour y savourer cette orgueilleuse béatitude qu'on a de vivre quand on est aimé. Ses rêveries se fondirent dans la poudre azurine des horizons ; il assoupit sa pensée aux silences des clairières ; l'orgue berceur des forêts chanta son amour ; ses désirs s'exhalèrent dans l'haleine des brises. Lui qui adorait la nature, il la comprenait pour la première fois, les choses prenaient un sens nouveau ; ses perceptions s'affinaient. Il aurait voulu, en songeant à elle, s'endormir dans les pelouses caresseuses, jusqu'à ce qu'un baiser aérien l'eût éveillé. La chair inconnue de sa future maîtresse s'idéalisait et rayonnait à ses yeux. Des visions de cheveux dénoués, d'embrassements en larmes, de caresses furtives passaient dans ses regards évocateurs. Ce beau rêve semblait même emprunter une mollesse, une douceur de plus à l'ambré poudroiement des plaines, blanchies de soleil. L'astre rougissant tremblait, au loin, sur des collines violettes ; et tandis que les nuages s'écartaient de lui, courtisans au coucher d'un roi, ses rayons s'allongeaient horizontalement, pour porter sans doute ses adieux le plus loin possible ; et il descendait ainsi, enfoncé par degrés, au milieu du silence des arbres et des plantes.

Quand il eut disparu, le vent le pleura, les arbres le redemandèrent, en agitant leurs bras ; les collines parurent se pencher au bord de l'horizon pour l'apercevoir encore ; les plantes, en frissonnant, cherchèrent sa lueur. La solitude, la tristesse emplirent les verdures assombries ; et, peu à peu devenu noir comme la terre, le ciel se marbra de pâleurs ; la lune blanche plana dans l'azur, arrivée tout d'un coup, errante et cherchant le soleil. Alors, seulement, Maurice s'en alla.

La réaction l'assaillit vite. Marcelle avait eu des amants ! C'était de notoriété publique. Cela le bouleversait ; son bonheur tournait à la rancune, et il s'efforçait de mépriser Marcelle uniquement pour parvenir à la moins aimer. Cette lutte quotidienne, cette fluctuation de scepticisme et de bonne foi enfiévraient Maurice d'une sorte de malaise, qu'aucune distraction, pas même le travail, ne guérissait ; ce qui ne l'empêchait pas de répondre tous les jours aux lettres de Mme de Champvan. Dès que le mari s'absentait, Maurice recevait un de ces billets parfumés qu'on humerait tout un jour et dont l'odeur évoque instantanément la femme aimée : « Venez ce soir. Je suis seule. » Par exemple, dès le seuil de l'hôtel, il redevenait sincère.

Ils se connurent mieux. Elle était maternelle pour lui. Un soir qu'il était enrhumé, elle lui fit apporter de la tisane ; il oublia son mouchoir, elle lui en donna un : « Soignez-vous, lui disait-elle, ne soyez pas malade. » Ils finirent par quitter le salon et monter dans la chambre à coucher de Marcelle ; là ils s'asseyaient sur le lit. Il leur arriva de rester une nuit entière aux bras l'un de l'autre, sans qu'elle consentît à se donner. Elle y était résolue ; mais elle regrettait qu'il l'exigeât si vite, et lui, quoique la désirant, n'aurait pas voulu qu'elle succombât sitôt.

Le lendemain de leur chute, dépité d'adorer sa maîtresse, Maurice se gâta sa joie, se persifla et s'efforça bêtement de ne pas prendre l'aventure au sérieux. Voici en quels termes blasés il raconta la chose à son ami, Joseph Leraut, un camarade, aquarelliste distingué, traînant à Paris, rue Bonaparte, le spleen des débutants, le dégoût du travail incompris, qui n'est qu'un besoin de noce déguisé. — Maurice écrivait ainsi tous les huit jours à Leraut l'histoire de son amour —

« Mon cher ami,

« C'est fait. Elle est ma maîtresse... Suis-je heureux ?... Je n'en sais rien... Ce que je puis te dire, c'est que je l'aime ; pas follement ; mais assez pour me méfier.

« Drôle de femme, cette Marcelle : mélange de raison et de fantaisie, hardie et timide, froide et exaltée, sérieuse et enfantine : un charme neuf, particulier, rare, attachant. C'est étonnant ce qu'une femme peut réunir de qualités contraires ! Et cela n'est rien : il faut la voir !... Idéale, mon cher : une figure à la Joconde, avec ce regard fascinateur et doux de Mona-Lisa, qui enchaînait Michelet, qui vous planterait devant elle des heures entières..... Sur toute sa personne, je ne sais quoi de subtil, de délicat, de vaporeux ; du Corrège en miniature, des figurines de Diaz, du Corot en épiderme... Et cette voix !... Un timbre de tragédienne ; on en est remué. Ce que j'admire, surtout, c'est sa pâleur, une pâleur mate, sur laquelle les sourcils semblent peints avec du noir d'ivoire. Positivement... Je me suis d'abord figuré qu'elle se maquillait. Tomber dans le plâtre, elle ! Pas de danger... Le naturel ! Point de pose, paraître ce qu'on est : voilà sa devise...

« Tiens ! tu me croiras si tu veux : j'ai beau l'aimer en amant, c'est toujours avec mes yeux d'artiste que je la vois. Impossible de me rassasier de l'ovale de son menton, de la courbure de ses cils, de la finesse de ses traits. Dans ses bras même, quand je la possède, j'observe les teintes de sa chair, les colorations de sa peau. Est-ce fort, hein ? Ah ! c'est qu'elle est désespérante de beauté ! Et ses gestes ! Ah ! mon cher, ses gestes ! Cette façon dédaigneuse de vous toiser poliment !... Et quand elle donne un ordre... sa taille qui se redresse... sa main qui se lève, de quel air de majesté !... Inimitable, enfin, le ton dont elle dit les mots les plus simples : « Avancez-moi donc cette chaise, » ou : « Est-ce que Monsieur de Champvan est sorti ? »

« Mon admiration te paraîtra bien provinciale, bien vieillotte. Que veux-tu ? Je n'ai pas Paris, moi, pour m'étourdir et j'y suis resté trop peu de temps pour me blaser... Conçois-tu ?... Être aimé d'une pareille femme, moi, un pauvre diable d'artiste, ni beau, ni spirituel, qui gagne à peine de quoi vivre !... C'est stupide, mais j'en suis fier, heureux, étourdi, bouleversé, et je me laisse tout bêtement aller au plaisir de me dorloter dans le capitonnage des salons et

4.

de me sentir enlacé par deux bras blancs fins, polis, aristocratiques... Les bras de paysannes !... Très joli sur toile, mais c'est tout...

« Je reprends mon récit. Je la quittai, mardi soir, anéantie. Si je l'eusse voulu, elle était à moi. Elle le comprit et me fit jurer de ne pas l'exiger, et même (note ceci) de ne plus la mettre en état de ne pouvoir résister. « Je veux bien être à vous, me disait-elle, naïvement, mais plus tard, quand vous m'aimerez mieux, quand je serai sûre de vous, » et elle ajoutait : « A présent vous ne m'aimeriez plus. » Traduction : « Ma résistance est à bout. » Hier enfin, mercredi.... Tu attends les détails, gourmand ?... Je ne te dirai rien... Ou plutôt si ! Je te dirai la vérité : cette nuit-là a été une déception,... une déception, entends-tu ?... Ce qui me gâte mon amour, ce qui m'empêche d'être sincère, c'est le passé de cette femme ; oui, son passé : elle a eu des amants. Voilà pourquoi je ne veux pas donner mon cœur, voilà pourquoi je le retiens quand il m'échappe, je m'efforce d'oublier et de rire. Peut-être est-ce un grand bonheur, en somme. Honnête, je lui eusse tout sacrifié : travail, avenir, position... Sait-on où vous mènent ces bêtises-là ?

« Est-ce triste de vivre ! Toujours la réalité qui vous met de la boue aux pieds, le rêve qui se casse les ailes, le soleil qui fond la cire d'Icare. Rien de beau, mon cher, d'indiscutablement beau, que la négation ne puisse pas mordre. L'amour ? Un besoin physique. L'idéal ? Une conception d'intellect. Dieu ? une hypothèse. La musique ? la peinture ? Une vibration moléculaire, de la lumière et du son. Et votre maîtresse ? Une femme qui s'est pâmée dans les bras d'un autre.

« Avec cela, mes tableaux qui ne se vendent pas, mon Rocher de Canderon, éreinté par la critique, et encore deux ans à attendre pour filer à Paris.... Crois-tu que j'aie une chance !

« Peut-être, après tout, suis-je ridicule de tant m'inquiéter, de raffiner mes sensations, de me gâter à plaisir ce que la vie m'offre de bon. Sais-tu, par exemple, à quoi je pensais, l'autre soir, dans les bras de ma maîtresse ? Eh bien ! je songeais à *Adolphe*, j'ai compris la satiété, j'ai excusé ceux qui se lassent d'une jolie femme. Se rassasier, voilà ma vie, mon cher...

« Mais j'exagère, ne t'y fie pas... Je suis plus amoureux que je n'en ai l'air... Elle était si jolie, ce soir-là, avec ses larmes heureuses, ses blanches épaules. sa chevelure décoiffée, sa pudeur mourante, ses bras nus autour de mon cou ! Qu'elle était donc belle, mon Dieu, ce soir-là, et que ne peut-on peindre une tête de femme en un pareil moment ! C'est ça qui serait beau !

« Je me résume : pour le quart d'heure, je suis absolument abêti, ennuyé, ankylosé . Ce n'est pas ma faute, mais j'avais rêvé autre chose. Ce qu'il nous faut, à nous, décidément, c'est l'art, notre véritable, notre seule maîtresse ! Parlez-moi de bûcher un ciel d'orage, de savourer une perspective, de trouver un effet neuf, de pâlir une chair lentement vivante !

« Je viens de relire ma lettre. C'est insensé, ce que je t'écris, mais combien vrai !... *Un écorché.* Tu jugeras. Adieu.

« MAURICE. »

Il plia sa lettre et la mit dans son portefeuille. Le même jour, il dut écrire à Marcelle. A mesure que sa plume courut sur le papier, il oublia ses doutes ; ce qu'il y avait de meilleur en lui, remonta à la surface de son âme et, sous la chaleur de ses souvenirs, se fondit en phrases d'amour, en dévouements offerts, en émotion palpitante et sincère. Ce fut écrit sans pose, sans scepticisme guindé, sans persiffleuse exagération. « Après tout, se dit-il, que m'importe son passé ? Elle est jolie, elle m'adore. Me voilà bien à plaindre ! » Au moment où il allait envoyer sa lettre, un billet de Madame de Champvan : « Venez ce soir, je suis seule. » Il remit alors sa lettre dans son portefeuille.

Ils se couchèrent, ce soir-là, en arrivant, comme des gens mariés. A cinq heures du matin, ils s'habillèrent ; elle l'accompagna elle-même, en pan-

toufles et en peignoir, jusqu'à la grille de la cour.
Une subtile poussière d'aube blanchissait les toits
de la ville ; l'évanouissement de la nuit de minute
en minute éclaircissait l'air.

— Tu m'écriras demain, n'est-ce pas? dit-elle,
suspendue à son cou.

— Justement,.... je t'ai écrit. Veux-tu ma lettre?

— Oui, je la lirai en rentrant.

Ils étaient presque dans la rue. On pouvait les voir.
Il tira la lettre de son portefeuille et la lui donna.
Elle l'embrassa une dernière fois, les regards errants
et inquiets.

— Adieu... aime-moi bien, dis!... Tu m'aimeras
bien?

Elle se suspendait à lui, pour le retenir ou le suivre. Il la quitta et se mit à courir. Elle remonta
dans sa chambre, tiède encore des émanations de
leurs caresses et où Maurice était resté, pour ainsi
dire, avec son sourire ému sous ses blondes moustaches. Madame de Champvan s'assit sur une chaise
longue, ôta, pour y mieux voir, le godet de la veilleuse de sa prison de porcelaine et, tandis que le
jour découpait les carreaux de vitre derrière les rideaux de la fenêtre, elle déplia la lettre de son
amant. Elle s'effrayait vraiment de tant l'aimer ! Si
jeune, guetté au début de sa vie par tant d'embûches
mondaines, ne se lasserait-il jamais d'elle? Comprendrait-il la profondeur d'affection qu'elle lui

vouait?... Et elle se mit à lire les lignes, les chères lignes qui devaient la rassurer :

« Mon cher ami,

« C'est fait! Elle est ma maîtresse... Suis-je heureux ? Je n'en sais rien. Ce que je puis te dire, c'est que je l'aime ; pas follement, mais assez pour me méfier. Drôle de femme, cette Marcelle.... »

Maurice avait donné à sa maîtresse la lettre destinée à son ami, maladresse puérile et vieux jeu, qu'on ne commet plus au théâtre ni dans les romans, mais qui arrive malheureusement tous les jours dans la vie.

Marcelle fut aveuglée. La clarté de la veilleuse lui dansa dans les yeux ; ses oreilles bourdonnèrent ; un fourmillement lui descendit du cœur au creux de la poitrine..... Elle la lut pourtant, l'affreuse lettre, elle la lut d'un bout à l'autre, et, à mesure que ses yeux dévoraient les lignes, ses lèvres se serraient ; ses narines s'ouvraient ; ses regards devenaient fixes; des sanglots contractaient sa gorge. C'était de la terreur, du désespoir, un plus formidable écroulement que si la maison se fut renversée. Elle douta ; elle relut : c'était bien son écriture, bien ses propres phrases, et quelles phrases! L'alcôve ouverte, sa faute étalée, les plaisirs de son corps livrés à la curiosité gouailleuse d'un impudique rapin ! Lui, Maurice, oser écrire cela ! C'était pour ce mépris qu'elle avait sacrifié son honneur, sa réputation ! C'était pour recevoir ce soufflet en plein visage, cette boue à son front, qu'elle avait choisi cet homme, qu'elle l'avait attendu sept ans !...

Elle crut rêver. Elle se leva et se secoua. Hélas ! c'était bien la réalité ; le jour grandissait aux vitres, elle tenait la lettre dans sa main crispée.... Tu ne te doutais pas, malheureuse, que tu trouverais le châtiment de ta faute dans le cœur même de ton amant, sur ses lèvres, qui pressaient les tiennes, dans ses yeux, qui t'admiraient. Vois : Tu n'es pour lui qu'une femme galante. Il t'éclabousse de son dégoût.

Avilie dans sa tendresse, insultée dans son orgueil le plus délicat, Marcelle se mit à sangloter, n'en pouvant plus, le visage étouffé dans les couvertures du lit, les poings sur sa nuque, criant son malheur. Elle se vit perdue dans l'immense désert de sa faute. Plus de bonheur sans Maurice, plus de croyances, plus rien ! Toute douleur a son remède. Au mépris de celui qu'on aime il n'y en a point... Que faire ? Que décider ? Ce qu'il fallait faire ? Le quitter, lui rendre sa lettre, à cet amant qui, à défaut de la maîtresse, n'avait pas respecté la femme. Et après ? Après, il fallait vivre ! Vivre ! c'est-à-dire lentement mourir de regret et de haine, dans l'ennui doré des salons ! Une autre que Madame de Champvan s'y fût résignée. Mais elle, la dévouée créature, elle se leva, transfigurée, les yeux secs, froissant la lettre dans ses mains. Sa tendresse eût une profondeur de maternité. « Non, se dit-elle, il n'est pas si mauvais qu'il le dit. C'est impossible. Il croit seulement les calomnies dont je suis victime ; il souffre d'être obligé de me mépriser, et il s'en venge, en tâchant de m'oublier et de se blaser ! Eh bien ! je veux le reconquérir. Je veux l'amener à me connaître, à m'aimer, à m'estimer. Je lutterai. Nous verrons qui l'emportera. »

Et, tout à la joie de pardonner, elle s'assit devant la table, tourna vers le jour blafard son visage blanc et se mit à écrire. Son peignoir était dégrafé; ses épaules nues ; ses cheveux tombaient sur le papier.

VIII

Ce matin-là, en se levant, Maurice fut saisi d'une inspiration artistique. Il prit donc ses pinceaux et, tout en peignant, il songea à sa maîtresse. A la revoir en pensée, avec cette inexpérience féminine de caresses, d'enveloppements de bras, de pudeurs surprises, il n'en pouvait douter : il était son premier amant. Il le comprit si bien, qu'il ouvrit son portefeuille pour déchirer la lettre méprisante écrite à Leraut. La première chose qu'il vit..... La lettre à Marcelle, qu'il croyait avoir remise le matin Mais l'autre alors ?... Il se fouilla. Rien ! — Elle avait l'autre ! — Il fut atterré ! Une pareille lettre ! Tout était perdu !...

Il ne put se mettre à table, il prétexta une migraine, il monta dans sa chambre; toute l'après-midi il attendit le facteur.

Le ciel était noir. Un orage violent éclata sur la ville et couvrit d'eau jaunâtre le pavé des rues, râclé par des ronds de fer blanc et des détritus ensablés. Maurice resta dans sa chambre, immobile derrière sa fenêtre, se limant les ongles, hébété d'impatience et de douleur, à regarder les femmes retrousser leurs jupes sur les trottoirs, l'averse battre les vitres et le vent fouetter la pluie, la pluie aux jets luisants sur le ciel gris, comme des raies d'acier ou des fils de pantins, que Dieu tiendrait de là-haut. Avec quelle fièvre il ouvrit, à cinq heures, la lettre de Marcelle ! On lui renvoyait la sienne, soulignée aux passages insultants ; sur un autre papier on avait écrit ces lignes :

« 6 heures du matin.

« Je viens encore de relire votre lettre, destinée sans doute à un de vos amis. Faut-il que je vous aime, Maurice, pour n'avoir même pas murmuré contre vous !... Ah ! si j'avais écouté mon orgueil, cet orgueil qu'on me reproche tant ! Mais je n'en ai point avec vous. J'aime mieux vous écrire avec mon cœur. Que vais-je vous dire ? Je n'en sais rien..... Je suis si troublée, j'ai si peu mes idées à moi !...

« Que vous ai-je fait, Maurice, pour être traitée de la sorte ? Je me suis donnée à vous, sans hésitations, sans regarder en arrière, uniquement parce que je vous aimais ; et vous me méprisez, et vous m'étalez aux yeux d'un autre, vous m'assimilez à la dernière des créatures !...

« Enfant, enfant, ce que vous avez fait là !... J'avais donc raison d'avoir peur de votre jeunesse !... Je vous aurais tant aimé si vous l'aviez voulu !... Vous avez bien vu que je n'avais rien calculé ; vous avez bien vu que j'ai tué mes remords ; que j'ai cédé avec joie ; que j'ai risqué mon repos, et cela, pour vous être agréable, parce que j'espérais que vous apprécieriez mes sacrifices..... Et mon amour, dites-vous, a été une « déception ; » vous parlez de mes « amants ; » vous avez compris « la satiété dans mes bras ! » Ah ! cette lettre, fou que vous êtes, vous ne saurez jamais le mal qu'elle m'a fait !...

« J'aurais pu l'anéantir, la garder. Je préfère vous la rendre. Relisez-la. Vous verrez ce qu'elle renferme d'humiliant pour moi. Vous avez l'esprit assez subtil pour saisir toutes les nuances de votre insulte.

« Je n'ose plus croire que vous m'aimez comme je veux l'être. Je ne vous demande plus rien, que de vous souvenir quelquefois que vous avez une sœur aînée, toujours prête à vous consoler et à se dévouer pour vous.

« MARCELLE. »

Devant cette douleur qui se vengeait en pardonnant, Maurice pleura. Il prit la plume et d'un trait, il écrivit dix pages de protestations, de détresse, de folie passionnée. La présence du mari l'empêchant d'aller voir sa maîtresse, il surveilla la femme de chambre, qui sortait à heure fixe et lui remit sa lettre. « Dites à Madame que je l'attends ce soir sur le Mail, à huit heures. » Le soir il reçut un billet : « Derrière le cimetière. C'est plus désert. J'y serai. »

— Ah ! s'était-elle écriée, c'est bien lui, cette fois !

Elle vint au rendez-vous, la tête couverte d'une mantille et tenant un mouchoir devant sa bouche. En l'apercevant, elle courut à lui :

— Je ne puis rester longtemps. Mon mari va rentrer.

— Tu as lu ma lettre ?

— Oui.

— Tu me pardonnes ?

— Oui je te pardonne. Mais que j'ai pleuré ! Le temps me justifiera.... Tu regretteras ce que tu as écrit....

— Je n'en pensais pas un mot, dit-il. J'ai voulu être méchant, quand il me suffisait de t'aimer pour être si bon !

— C'est oublié, n'en parlons plus !...

— Si ! parlons-en, au contraire. Ai-je été assez lâche, assez misérable !

Elle se fâcha.

— Non, dit-elle, tu as été jeune.... tu n'a pas réfléchi, tu n'as pas jugé le monde... On t'a dit que j'avais eu des amants et tu l'as cru, sans rien examiner, sans rien voir, ni mes idées, ni mon caractère, ni ma sincérité.

— Oui, c'est vrai. Suis-je petit devant toi !... Mais tu verras. Je rachèterai mes torts.... Je t'aime tant, si tu savais !... J'ai beau faire, vois-tu, jamais je ne pourrai me passer de toi..... Ce soir, quand j'ai reçu ta lettre, j'ai tellement souffert, je me suis tellement méprisé... Ah ! je l'ai bien compris, ce soir, que je ne pourrai jamais t'oublier.... Et toi?

— Oh ! moi ! dit-elle, en roulant la tête avec un sourire qui défiait le temps.

Il entoura ses hanches à deux mains ; il l'embrassa sur les lèvres. Elle avait les joues froides ; ses cheveux parfumaient son front. Elle était nu-tête, la mantille rejetée sur ses épaules, le visage blanc dans la nuit. Les deux amants longèrent, en causant, les murs du cimetière. Des nuées lourdes et noires rampaient dans l'espace et, sur la terre détrempée, tamisaient une humidité invisible. On ne distinguait rien à deux pas, tant l'obscurité était grande. De temps à autre, un éclair illuminait l'occident, énorme paupière brusquement ouverte, montrant, pendant une seconde, les plaines déroulées jusqu'à l'horizon, les arbres, les taillis, les champs labourés, blêmes dans la lueur livide ; des collines bleuâtres au loin se festonnaient d'or, sous un incendie de nuages mignonnement flottants ; le bout des croix de fer dépassait le haut du mur du cimetière, éblouissant comme un linceul ; des cyprès, larmes noires géantes, se dressaient ; Maurice et Marcelle s'apercevaient comme en plein jour... Puis, tout rentrait dans les ténèbres.

IX

Dès ce moment, leur amour fut une suite de rendez-vous discrètement savourés. Leur sincérité réciproque ajouta un attrait de plus au fruit défendu, en lui donnant un charme honnête et sérieux, qui écarta d'eux l'idée d'adultère, très atténuée, d'ailleurs, en leur esprit par la rupture ancienne déjà, des relations conjugales entre les deux époux.

Maurice comprit que sa maîtresse était, passez-moi ce mot pédant, une femme supérieure, une de ces créatures exceptionnelles, qui dépassent toujours, si grand qu'il soit, l'homme qu'elles aiment, femmes d'élite, dédaigneuses, méprisées, comme tout ce qui sort de l'ornière où vivotent les existences banales. Vous l'auriez crue bête, parce qu'elle ne parlait pas et insensible, parce qu'elle ne s'exaltait pas. Indifférente à ce qui fait l'objet des admirations vulgaires, luxe, fortune, nom, mode, élégances, n'ayant aucune de ces vanités courantes, point de ces polichinades de salon, rien de cet orgueil que donnent aux sots les relations en vue, elle passait pour étrange, n'admettait pas d'égales, se moquait de l'opinion et vivait à part. Cet isolement, ce dégoût d'autrui, cet exclusivisme outré, cachaient à son insu, une profondeur de philosophie. Ce que d'autres apprennent par expérience, cette femme le savait par intuition. Il lui suffisait d'entrevoir pour être fixée. Aussi l'influence des milieux, le péril des romanesques aspirations, les chutes faciles, les capiteuses duperies des passions allumées sous le lustre, les séductions des moustaches cirées, des fronts mats et des coupes de redingote : tout cela n'avait aucune prise sur elle. Elle était douée d'une puissance d'analyse, d'une sûreté de divination, qui vous jugeait d'un regard et allait droit à l'âme fouiller la nullité native, démasquer les niais intelligents, les réputations de chrysocale, les imbéciles côtés, le demi-savoir des salons. Avec cela effacée et triste, patiente à l'épreuve, évitant de se prononcer, instruite et sérieuse sans pédantisme.

La calomnie ne l'épargna pas. Point de femme à Noirçon qui eut une réputation aussi mauvaise. Elle le savait et n'en éprouvait qu'une haine sans fiel qui se traduisait par un haussement d'épaules. Elle souriait même quand Maurice lui citait les hommes qu'on lui donnait pour amants. Lui désignait-on ceux qui la dénigraient, elle répondait :

— Est-ce qu'on s'occupe de ces gens-là ! Laissez-les dire. Ne faut-il pas que les roquets jappent, que les crapauds bavent, que les loups mordent?

Son amour n'eut aucune des précautions et des prudences que les coquettes s'imposent. Aussi ne fut-il un secret pour personne. Grand scandale dans les vieux hôtels poudreux de cette ville moisie ! « — Si Monsieur Maurice s'imagine être le premier ! » Et avec des moues connaisseuses : « — Jolie femme, autrefois, même très bien, jeune fille..... mais d'un décati à présent !... » En vertu de ce principe qu'une femme qui a un amant en a eu ou en aura d'autres, on parlait de la succession de Maurice ; quant à ses prédécesseurs, on en citait, ma foi ! quatre ou cinq, ce nombre, d'ailleurs, n'ayant rien de limitatif et variant selon l'heure, le jour et les personnes.

En amour, il y en a toujours un qui aime plus et l'autre qui aime moins ; celui qui aime le moins est toujours celui qui est le plus aimé. Le pouvoir d'une maîtresse est souvent dans son indifférence. Rien de semblable entre Maurice et Marcelle : un équilibre absolu, une constante harmonie de passion et d'idées. Elle l'encourageait même au travail, quoiqu'elle en eût peur, au fond, de cet avenir où elle le poussait, de cet avenir de gloire qui devait les séparer. Parfois, une tentation inouïe lui emportait l'âme. S'ils partaient ensemble ! Mais sa mère, son père.... son mari, enfin, qui ne se doutait de rien, bien entendu. Mettent-ils du temps, ces maris, à découvrir qu'on les trompe ! Peu le devinent par leur perspicacité naturelle ; beaucoup grâce à l'avis d'une obligeante amitié. Passer du soupçon à la certitude fut pour M. de Champvan l'affaire de quinze jours. Il observa sa femme, ses actions, sa vie repliée et méditative, et une chose le frappa : Pourquoi gardait-elle sur elle la clef de son armoire ?... Constater l'amour de Marcelle pour le peintre lui fut aisé, mais il fallait une preuve. Or, un soir, il avait obligé sa femme à lui ouvrir cette armoire. Alors l'affreuse scène où Mme de Champvan révoltée avait abattu Octave sur le tapis en lui tordant les poignets.

X

Ce matin-là, en s'éveillant, Madame de Champvan se crut malade. Cette terrible nuit, ce sommeil veule, coupé de cauchemars et de soubresauts, l'avaient énervée. Des palpitations d'insomnie l'étouffaient. Certes, elle eût tenu sa promesse d'oublier Maurice, si son mari eût pardonné ; mais ce soufflet en plein visage, ce soufflet la déliait même des devoirs de convention qu'impose le repos conjugal. Plus rien de commun entre elle et cet homme. En se levant elle écrivit à Maurice : « Il sait tout.... Scène affreuse. Confiance.... Je t'aime. » Plus de contrainte, au moins, plus d'hypocrisie. Elle entrait dans la liberté de sa faute. Restait à savoir ce que ferait Octave. Ce qui effrayait la jeune femme, c'était le désarroi que l'adultère allait jeter dans la maison, les habitudes changées, les inquisitions de M. de Champvan, les exaspérantes tyrannies, les jalousies sédentaires, dont les maris trompés harcèlent leurs femmes, que la crainte du scandale leur défend de quitter. Mais l'amour de Maurice rassérénait son inquiétude : jamais il n'avait illuminé sa vie plus radieusement. Le soleil n'allume-t-il pas d'un éclat plus vif, à travers la brume d'orage, les raies poudreuses de son éventail d'or? Elle le gardait tout au fond du cœur, son Maurice, dans un coin secret, où son adoration avait la saveur du triomphe expié, d'une confidence défendue.

La souffrance est la pierre de touche de l'amour. Quelle femme ne laisse pas un peu de sa tendresse, un peu de sa volonté, dans l'écroulement d'une faute? Marcelle, au contraire, y puisait des forces. Si misérable qu'il fût, pour rien au monde elle n'eût changé son sort.

Vous pensez si le jeune homme fut atterré, en lisant le billet écrit le matin! Sa maîtresse perdue!... Plus de rendez-vous, un duel, peut-être... tout cela lui traversa l'esprit; oui, mais cette assurance d'amour qu'on lui envoyait, ce défi au malheur, cet entêtement de vaincue.... Quelle femme! Douter d'elle? Folie! Et le passé? Il l'évoqua, il le revit, ce passé vainqueur et doux, et de cette longue vision d'amour accoururent de rassurantes certitudes, des apaisements subits. Il n'eut pourtant pas la force de travailler; il roula mille projets; il écrivit. Point de réponse; le mari avait renvoyé la femme de chambre.

Entre M. et Mme de Champvan l'existence devint

lugubre. Marcelle ne quittait pas sa chambre. Ils ne se voyaient qu'aux repas. A peine servis, le mari disait au domestique : — Laissez-nous. — On repoussait les plats; on mangeait du bout des lèvres. Scènes, récriminations. Octave se levait, secouait sa femme par les poignets. Elle le laissait faire, impassible, décidée à tout supporter. Parfois seulement les pommettes de ses joues se crispaient, elle le regardait d'un air résigné, plein de haine tranquille. Il la fermait à clef dans sa chambre, allait se promener en voiture sur les grandes routes; dans les endroits solitaires, et là, cigare aux dents, il songeait. Une révolte d'orgueil surtout. Avoir eu pour maîtresse la brune Henriette de Quercy, la jolie Madame de Bussay et Léontine Honorat, et Blanche de Gévaudan pour finir en Sganarelle et en épicier trompé! Offre des dragées, mon bonhomme, étale aimablement ta sottise triomphante! Pendant ce temps, ta femme prend un amant. C'est dur, allez! Malheureux, soit; mais ridicule! Trop vaniteux pour accepter stoïquement cette mésaventure banale, le bel Octave était absolument dépaysé dans son malheur et, par cela même, incapable de se résoudre raisonnablement.

Et Marcelle cloîtrée, là-haut, dans sa chambre, seule, le front collé aux vitres, sans un remords au cœur, sans une impatience aux lèvres!... Que d'énervantes heures passées à regarder les maisons d'en face, la rue déserte; à ouvrir la fenêtre, à rafraîchir son front aux brises tièdes de février, devant le ciel plein de gazes volantes et de premiers cris d'oiseaux ! Elle pleurait, brodait, lisait, évoquait Maurice. Que faisait-il ? Aimait-il encore sa maîtresse ? Rien, pas de nouvelles. Il lui semblait ne l'avoir vu d'un siècle. Cette catastrophe avait reculé si loin le souvenir de son bonheur, qu'interrompu, il lui paraissait à jamais brisé. Mais comment Maurice ne l'eût-il pas adorée, grandie qu'elle était, maintenant dans son exil, idéalisée par cette expiation ? Ce qu'il écrivait tous les soirs !... Des lettres de passion, de longues lettres, avec les faits de la journée consignés, cahier que plus tard Marcelle se délecterait à lire !

Vous dirai-je, qu'en ville, le cas de M. de Champvan passionnait chacun ? De tragiques anecdotes s'accréditaient..... le mari, revolver au poing, sa femme à genoux, le pardon obtenu à condition qu'on enfermerait la coupable, toute sa vie, dans sa chambre, dont la porte serait murée... Bref, il se fit autour de cette affaire une légende de vengeance et de terreurs qui défraya longtemps les conversations.

Un matin que M⁽ᵐᵉ⁾ de Champvan était en train de lire, la porte s'ouvre : son père, sa mère, son mari étaient devant elle.

M. et madame Deresme habitaient au bout de la ville une modeste maison, nommée les *Sapinettes*, avec jardin grillé, où ils reposaient leur lassitude sénile et leur goût d'immobilité. M. de Champvan s'était présenté chez eux, et, il avait déplié un paquet, en disant :

— J'ai l'honneur de vous apporter les lettres de l'amant de ma femme.

Stupéfaction des parents. Ils se regardèrent. Le père, ancien capitaine d'artillerie, décoré, grand, apoplectique, roulait des yeux effarés. La mère, grincheuse aimable, excusa sa fille et tança son gendre :

— Si vous aviez aimé votre femme, monsieur, cela ne vous serait pas arrivé. Mais on court après un tas de gueuses, on vit à Nice avec des cocotes... Quand je vous ai donné ma fille, monsieur, vous ai-je dit : voici un ange ? Non. Je vous ai dit : voici un enfant, faites-en une femme, aimez-la... Si vous vouliez qu'elle ne prît pas d'amant, il fallait commencer vous-même par n'avoir pas de maîtresses.

Rien de plus drôle à voir que les anglaises de Mme Deresme dansant devant ses oreilles, ses fausses larmes figées sur sa joue et le vieux qui approuvait de la tête.

Malgré sa ferme volonté d'être calme, M. de Champvan s'emporta :

— Je l'ai prise sans le sou ! s'écria-t-il, elle aurait dû s'en souvenir.

Un mot malheureux qui exaspéra le capitaine :

— Ah ! çà, qu'est-ce que vous nous chantez ? Vous avez l'air de regretter qu'elle ne soit pas assez riche pour acheter son pardon !

— Si c'est ainsi que vous le prenez ! cria Octave.

Madame Deresme s'interposa. On se radoucit. M. de Champvan déclara vouloir quitter sa femme.

— Vous ne ferez pas cela ! exclama le capitaine.

— Un scandale ! dit la vieille. Serez-vous plus avancé après ?

— Non, madame, point de scandale. On prétextera un voyage, une séparation..... tout ce que vous voudrez. Je veux bien sauver les apparences, mais c'est tout ce que je puis faire.

Ce fut son dernier mot; il n'en eut pas d'autre, quand M. et madame Deresme se présentèrent devant leur fille. Cette décision, Octave la prit, non pas tant en haine de sa femme, que par un pressant besoin de liberté, besoin qui dut être bien impérieux, pour lui faire braver l'esclandre que cette séparation produirait dans le public. Il s'en moquait, du public ! Son plan était tracé : il vendait son hôtel; il allait vivre à Nice, avec sa maîtresse, la petite *Kiki*, une chanteuse de Casino, dont il raffolait parce qu'elle ressemblait à Sarah Bernhardt.

XI

Nous sommes aux Sapinettes. Le vieux capitaine lit son journal dans le salon ; Madame Deresme est sortie. Marcelle, accoudée à une fenêtre, regarde.

Tantôt il pleuvait à torrent ; mais la pluie a cessé de tomber ; le ciel, sans soleil, est seulement brouillé de nuages fondus. Voyez-vous, au loin, miroiter les toits de la ville ? C'est triste, délavé, embruni. Le jardin, au contraire, a, dans cette intermittence de pluie, quelque chose d'attendrissant et de gai.

Vêtue d'une robe de chambre marron, paresseusement appuyée à la fenêtre, Marcelle est toute moite à l'air du matin ; sa peau rose se nimbe d'humidité ; une froideur molle étreint son corps ; le parfum des sèves monte à ses fraîches narines ; elle suit, là-bas, le roulis des nuages, qui passe à toute vitesse sur les collines, plus rapprochées et plus en relief. Le joli coup d'œil, aussi, ces mignonnes allées de sable propre, sous les ramures vert tendre, immobiles et lourdes du poids de l'eau restée sur les feuilles !

Des oiseaux, à tire d'ailes, égouttent les branches ; quelques rossignols précoces font leur début devant un parterre clair-semé de fleurs. De l'exhalaison des champs, de l'amère odeur des aubépines, de cette matinée pâteuse, embrumée de vapeur dissoute et tombante, se dégage je ne sais quoi de navré, d'ému, un sens des choses, pour ainsi dire, larmes et sourires de la matière ; et pendant que la jeune femme aspire les larges haleines du ciel, — l'âme de la nature, la force et la vie du printemps entrent en elle à pleins poumons et la rajeunissent.

Une fois installée aux Sapinettes, Marcelle oublia le passé ; il fut mort pour elle ; elle croyait ne l'avoir pas vécu. M. de Champvan étant parti pour Nice, elle s'arrangea, loin de lui, une existence confortable et sans regret, où elle fut tout de suite à l'aise. La faiblesse de son père et de sa mère, qui l'adoraient, lui donna les commodités indispensables pour organiser son amour. Ce fut un recommencement de passion, épanchée en de longues lettres, assouvie en de longs rendez-vous. Maurice loua sur un coteau rapproché de la ville un bastidon où ils allèrent tous les samedis. Elle s'y rendait à une heure de l'après-midi, en coquette et simple toilette. Cela dura des mois. Plus de nouvelles de M. de Champvan.

L'été vint, saison dure à des amoureux qui courent les champs pour se voir. Quand Marcelle allait aux *Chênes-verts* (c'était le nom du bastidon), le soleil chauffait à blanc son ombrelle. La nature était morte de chaleur : le paysage vous brûlait les yeux : çà et là, des carrés jaunes de blé coupé; au loin la ville, rapetissée dans la plaine... Partout la campagne déserte... Quelquefois un âne, attaché à l'ombre sous un mûrier, la regardait passer. Un ciel poli, vibrant comme un réflecteur, dénuagé jusqu'à l'horizon, faisait miroiter les objets. La terre en feu avait bu toutes les haleines, tari toutes les fraîcheurs. A voir les feuillages immobiles, véritables décors d'opéra, on eut dit que la sève, le mouvement, la vie s'étaient simultanément arrêtés; qu'il n'y avait plus d'heure pour mesurer le temps et que quelqu'un avait cloué, là-haut, le soleil.

Arrivé le premier, Maurice, de loin, épiait Marcelle; caché dans les arbres, il la suivait du regard : la voici sur les Allées; elle longe l'avenue des lavoirs; elle a dépassé la fabrique de tomettes; l'ombrelle est maintenant dans le sentier qui gravit le coteau; puis, plus rien : une robe à travers les vignes, une tache noire derrière les feuilles, le portail de l'allée qui grince et la voilà dans ses bras, rouge, essoufflée, n'en pouvant plus, des gouttes de sueur au bout des sourcils, sur les ailes du nez, sur la peau de la gorge... Un vent frais se levait à cette heure-là, et, trop mou pour secouer les branches des arbres, agitait à peine l'extrémité des feuilles. Le bastidon rôtissait au soleil; le plâtre de la façade s'écaillait;

des lézards frôlaient d'anciennes feuilles tombées, et des araignées noires gagnaient la rainure de la porte.

L'intérieur de l'habitation eût inspiré Van Ostade. D'abord, une vieille cuisine sale, petite, encombrée d'objets, pelles, pioches, râteaux, menus bois, pots de câpres, bouteilles vides, grils rouillés, cruches sans anses, le tout entassé dans l'évier, sur le fourneau ; et à terre, une échelle sur de la paille !

Mais rien de pittoresque comme le salon, où pendaient le long des murs des haillons de tapisserie, crevant sous le poids du plâtre qui, en quelques endroits, filtrait en poussière ; en guise de décorations, le portrait de Garibaldi, une gitane, des amazones habillées en tirailleurs, extraites du *Monde Illustré* ; enfin une image d'Épinal, représentant l'entrée de Godefroy de Bouillon à Jérusalem. Sur la cheminée, un miroir ; devant le miroir, une corbeille en porcelaine, craquelée de raccommodages, comme une carte de géographie.

Marcelle préférait cette pièce grotesquement délabrée à ses salons d'autrefois. Dans les commencements, ils ouvraient les deux fenêtres, dont les contrevents, emportant des toiles d'araignées, s'abattaient sur le rosier de la façade ; alors le soleil entrait ; un taon, sonnant la charge dans un rayon, allait piquer contre le miroir ; mais, par la suite, les fenêtres restèrent fermées. Maurice allumait des bougies, apportées dans sa poche. Marcelle, depuis huit jours, s'était promise tant d'ivresse, que la joie du tête-à-tête l'agenouillait, écrasée d'adoration, aux pieds de son amant. Toujours plus heureuse après s'être donnée, non de plaisir charnel, mais de la félicité qu'ont certaines femmes d'appartenir à ceux qu'elles aiment, elle lui rappelait sa vie mondaine oubliée, exigeant de lui les mêmes paroles, les mêmes serments.

Ils perdaient, aux bras l'un de l'autre, la notion du temps, du jour, du lieu où ils étaient, n'ayant plus souvenance qu'il existât quelque chose en dehors de cette nuit factice où dansait la lueur des bougies, où l'on entendait claqueter les cafards au coin des murs, et venir du dehors un cri d'oiseau, des froissis de branches, vagues et planants. Une huée de vent ronflait parfois dans la cheminée, et, vaste comme la terre, lourd comme une angoisse, le silence recommençait. Il faisait nuit quand ils sortaient, les étoiles piquaient le ciel, les horizons festonnaient de noir l'azur transparent, et les arbres aussi étaient noirs, les arbres, où le hibou chantait. Ils s'en allaient par les sentiers déserts dévallant des coteaux. Les paysans les saluaient au passage. Au bout du cimetière, elle l'étreignait sur sa poitrine et, en le quittant, l'emportait en elle jusqu'au prochain samedi.

Cela dura près d'un an. Jamais son amour ne se fatigua. Venant du cœur, il n'eût ni les intermittences, ni les dégoûts des passions rassasiées. Chaque jour l'augmenta, au contraire ; car chaque jour, elle vit que Maurice l'estimait plus et se livrait davantage. Mais si le présent les consolait, l'avenir était gros d'épouvante. Encore s'efforçait-elle de n'y pas songer, espérant un obstacle, un changement de leur vie, qui empêcherait le départ de Maurice, pareille aux prisonniers du baron des Adrets, condamnés à se jeter du haut d'un précipice et qui fermaient les yeux pour diminuer l'horreur de l'approche.

Certes, il s'en fallait que sa mère et le vieux capitaine fussent dupes de ses absences périodiques, de ses quotidiennes songeries, de ces pages écrites pendant des heures ; mais connaissant l'entêtement de leur fille, ils se résignaient à leur impuissance :

— Qu'est-ce que tu veux ? disait à sa femme l'ancien soldat. Nous n'y pouvons rien.... Courbons la tête, laissons passer la balle. Une escarmouche, quoi ! Ça ne durera pas.

La mère avait hasardé quelques remontrances. Marcelle nia et, poussée à bout, se fâcha :

— Écoute, maman, n'en parlons plus, n'est-ce pas !

On savait qu'il ne fallait pas insister. Quand elle arrivait à huit heures du soir, absente depuis midi, la robe empoussiérée, des feuilles dans les cheveux, des orties attachées à ses vêtements, le père et la mère se regardaient. On *soupait* sans mot dire. Marcelle souffrait de les chagriner, mais ses remords n'allaient pas plus loin que d'en souffrir.

Un beau jour, le bastidon des *Chênes-Verts* fut vendu. Autre lieu de rendez-vous à chercher. Ils se virent, en attendant, en pleins champs, à la nuit tombante. Assis, côte à côte, sous les oliviers, dans les guérets chauds, parmi les genêts, les yeux dans les yeux, buvant leur haleine fraîche de grand air, ils s'oubliaient dans leur amour, pendant que la nuit criblait l'azur foncé de millions d'étoiles et que l'Angélus passait sur la ville. Marcelle, renversée, les regards au ciel, admirait ces points brillants, qui semblaient parfois se détacher et tomber dans ses prunelles. L'ivresse inouïe qui gonflait ses veines la rapprochait de là-haut, l'enlevait jusqu'à cet idéal céleste, jusqu'à cet éternel repos d'astres, où pas un souffle de la terre n'arrive, où toute âme se brise les ailes en montant. Ils s'étreignaient, muets, chuchotants, parfumés à l'odeur des lavandes, du thym et des genêts. Le froissement des branches d'oliviers ondulait sur leurs têtes, dans l'air pur du soir... Brises, soupirs, frôlements d'insectes...

Ils gardaient longtemps après la sensation de ces rendez-vous, se la détaillant même dans leurs lettres. Cet amour grandissait Marcelle au point de lui donner, en sortant, aux yeux de tous, une indifférence qui trahissait combien elle était au-dessus des potins de la ville, combien elle se croyait plus respectable dans sa faute que d'autres dans leur honnêteté jalouse, haineuse, faite d'occasions manquées.

Noirçon, d'ailleurs, comme son passé, avait disparu : elle n'y vivait pas. Maurice ! Hors de Maurice, rien.

Le jeune homme n'abandonnait pas ses projets. Il comptait toujours aller à Paris, dès que les décorations de Saint-Sauveur seraient achevées ; mais il caressait la pensée d'y mener sa maîtresse, de la décider à y vivre ensemble, car ils s'exaspéraient, si près l'un de l'autre, d'être si séparés ! Marcelle, pour tromper son ennui, brodait, lisait, regardait les orages plomber le ciel, et, les jours de chaleurs, l'ardent soleil figé dans l'azur incendié. Une vie cloîtrée, en somme, étouffante pour une passion aux ailes si larges. Éternel et prosaïque recommencement de la vie quotidienne, promenades, repas en famille, le temps qu'il fait, les personnes qui sont venues, une ou deux visites d'amis fidèles au malheur, la lecture des romans de Feuillet, le résumé écrit de l'histoire des peintres de Charles Blanc... Quoi encore ? le piano et son chien Turc, son bon Turc, qu'on lui avait laissé. Mais le côté réel de l'existence avait si peu de prise sur elle ! Sa nature n'était accessible qu'aux honnêtetés, aux illusions, aux héroïsmes. Exactement le caractère de Maurice. Elle trouvait, en l'aimant, des nuances de tendresse, des ténuités de rêverie, qu'il comprenait toujours. Ainsi, leur amour s'avivait incessamment de recherche délicate et d'ardeur renouvelée.

Cependant ces rendez-vous en plein champ, au milieu des orties, c'était gênant. Marcelle se décida à lui ouvrir, les samedis soir, à minuit, la porte du jardin.

Elle accourait à pas pressés. Maurice, en attente derrière la porte, distinguait le claquement précipité de sa jupe. Le parfum des fleurs leur troublait l'âme en passant. Réséda, violettes, verveine, narcisse, héliotrope dégageaient, la nuit, un arôme plus fort et les grisaient si bien d'émanations odorantes, que l'idée seule de leur possession les pâmait déjà. Ils ne s'arrêtaient pas sous les arbres : c'est dans le vestibule qu'elle le conduisait ; ils entraient de là au salon, où brûlait une bougie. Impatients tous deux, ils s'asseyaient sur le canapé. Baisers, soupirs, lèvres mêlées... S'habituant à la surprise de se voir, ils parlaient, ils s'admiraient. On les apercevait dans la glace de la cheminée, lui, les mains autour de sa taille, elle, sur ses épaules, comme un autre couple enlacé dans un autre salon. Le vent d'août, soufflant entre les lames des persiennes, balançait les verdures du jardin et rhythmait de sa voix d'orgue les jaseuses voluptés des deux amants, ralenties ou redoublées, selon les lenteurs ou le gonflement de la brise. Ils ne se séparaient qu'à l'aube, lorsque les herbes du jardin s'emperlaient de rosée. Loin l'un de l'autre, en s'endormant chacun dans leur lit, ils s'imaginaient être encore ensemble, tant persistait la sensation de leur tête-à-tête.

Ces bonheurs volés à la vigilance des parents rajeunissaient l'amour de Maurice. Celui de Marcelle, trop élevé pour grandir, restait ce qu'il avait toujours été, inaltérable, servile, d'une douceur protégeante, inquiète de lui autant que de ses intérêts et de sa santé.

Cette solitaire habitation convenait si bien au caractère méditatif de la jeune femme! Le jardin avec ses immobiles sapinettes, ses gazons zébrés de soleil, ses fraîcheurs montantes, ses brises parleuses, enveloppait Marcelle d'une tranquillité continue, berçante et parfumée, où son amour s'épanouissait librement. C'était un besoin pour elle que ces journées d'oisive contemplation, finies, tous les soirs, par une heure de crépuscule, passée à regarder les arbres noirs, plus sonores, plus secoués dans les vents nocturnes, à mesure que les becs de gaz s'allumaient, un à un, sur les dernières avenues de la ville. La vue fantasque et variée des fusains taillés en cônes, des serpentinements des buis, des érables balançant leur cîme, des sapinettes toujours raides, apportait une involontaire distraction à l'habituelle fixité de sa rêverie, qu'attirait incessamment, alouette au miroir, le jet d'eau du bassin, empanaché de soleil et retombant en pluie d'argent sur des floraisons de mimulus jaunes, ponctués de rouge.

XII

M. et Mme Deresme, quoique satisfaits d'avoir leur fille auprès d'eux, espéraient que M. de Champvan la reprendrait ou lui ferait une pension. Ils craignaient que Marcelle, avec ses habitudes d'argent dépensé, ne regrettât son ancien train de maison et ne souffrît de sa vie présente, relativement médiocre. S'ils avaient su combien le luxe et le superflu étaient peu de chose pour elle, avec quelle insouciance d'oiseau sur la branche elle dédaignait ces matérialités, indispensables à tant d'autres !

Certes, M. et Mme Deresme avaient raison de s'alarmer : ils n'étaient pas riches ; ils avaient tout juste assez d'aisance pour être seulement locataires de la maison qu'ils habitaient. Le capital de leur fortune ne s'élevait pas au-delà d'environ quatre-vingt-dix mille francs. Le vieux capitaine, aventureux en affaire et de tempérament joueur, pris de cette fièvre endémique de spéculation qui, des capitalistes et des banquiers, était passée dans le petit commerce et la bourgeoisie, avait placé ces quatre-vingt-dix mille francs dans la Compagnie du *Crédit Oriental*. Indestructible, disait-on, cette Compagnie! L'alliance des plus fortes banques de Paris n'avait pu la crouler. M. Deresme ne comptait, certes, pas y laisser perpétuellement son capital. Son plan était de vendre ses titres cent cinquante mille francs ; ils rapportaient en attendant plus de cinq mille francs de revenus. Ils en rapporteraient davantage. Le *Crédit Oriental* était, en effet, en train de créer dans le Tyrol des industries métallurgiques, destinées à produire des dividendes fabuleux, les titres devant rester en portefeuille ou être revendus au public avec de grosses majorations. En peu de temps, M. Deresme économisa près de quinze mille francs, immédiatement placés dans une compagnie d'assurances sur la vie, qui lui servait un revenu annuel de quinze cents francs : une façon de se créer des rentes, lui et sa femme, sans entamer leur capital productif qu'ils laisseraient pour toute fortune à leur fille.

Tout à coup une baisse de cinq cents francs.... Ce fut une panique. Le capitaine perdit la tête et courut chez son banquier.

— Qu'est-ce que c'est ? que signifie ?...

Geste superbe du banquier.

— Rien à craindre !... Marché reprendra. Solide, *Le Crédit.*

— Si je vendais ?

— Perdre cinq cents francs par titre ! Êtes-vous fou ? Une valeur qui baisse, qui remonte ; mais ça se voit tous les jours, mon cher monsieur. Attendez donc, que diable !

M. Deresme revint plus rassuré ; mais l'idée de vendre le poursuivit. Deux jours après, autre dépêche, terrifiante : les titres à zéro. C'était la fin, le krach, ce fameux krach, le plus célèbre écroulement financier depuis Law, catastrophe publique où furent engloutis quelques-unes des plus grandes fortunes françaises, des vieux hôtels du faubourg Saint-Germain, les rentes de la bourgeoisie, les épargnes des classes moyennes. La spéculation s'étant acharnée sur les titres du *Crédit Oriental*, on s'aperçut que la valeur en était surfaite, que ces mines, que ces industries, mises en actions, ne représentaient qu'une importance dérisoire, quadruplée par la réclame. Alors, vente à outrance. Point d'acheteurs. Refus de report et différences à payer !

Bref, M. Deresme était ruiné. Il lui restait quinze cents francs et sa croix pour trois personnes : la misère ! Alors commencèrent les longues heures de désespoir muet, passées sur une chaise, le front dans la main, les silencieuses perplexités, les terreurs folles, devant l'avenir perdu et la vie matérielle compromise. Le capitaine ne parlait pas. La mère pleurait tout le jour. Marcelle songeait. C'était le moment, ou jamais, de demander à son mari la pension alimentaire à laquelle il était légalement obligé. La réponse de M. de Champvan les stupéfia : « Ne me forcez pas, madame, en persistant dans votre demande, à livrer les lettres de votre amant entre les mains de la justice. » Le père s'emporta; il eut un mot profond.

— Canaille ! cria-t-il, en voilà un qui ne l'a pas volé.

Et, redressant sa haute taille et sa poitrine bombée, où brillait la rosette rouge :

— Eh bien, quoi ! Je travaillerai, parbleu ! Je chercherai une place !... Un ancien militaire... on me doit bien ça !

Mais Marcelle l'interrompit et, d'une voix grave, trahissant une irrévocable résolution :

— Recommencer à travailler, vous ! Vous n'y songez pas.... Vous êtes trop âgés... Tandis que moi, je suis jeune, active, robuste....

La mère pleura ; le capitaine se leva, bouleversé :

— Toi ! toi !... Ah! je ne veux pas, entends-tu ? Je ne veux pas. On économisera, sacrebleu ! Un débit de tabac, une place dans un bureau, est-ce donc si dur à obtenir ? Et puis, ces deux mille francs ! on ne peut pas nous les ôter, nom d'un tonnerre ! A la rigueur, on peut vivre, avec cela...

— Oui, dit-elle, on le pourrait, à la rigueur; mais que tu meures demain, toi et maman... Le revenu de l'assurance expire, et ta croix aussi... Qu'est-ce qu'il me reste à moi? Rien. Il faudra bien, alors, que je cherche une position ?... Ne vaut-il pas mieux commencer dès à présent ?

Travailler, elle, habituée à voler en landau dans la poussière des promenades mondaines, à ne pas compter avec l'argent, à vivre en reine, d'une vie ouatée de tiédeur et de confort.

Mais que répondre à ses raisons ? M. et Mme Deresme ne purent lui opposer que des résistances de tendresse et la crainte vague qu'elle ne réussit pas.

— Comme si c'était si difficile, répondait Marcelle de broder, d'enseigner le français, l'anglais ou le piano? Car je sais tout cela, moi... On peut avec ces petits talents se créer une fort jolie situation.... dans une grande ville, bien entendu, à Paris, par exemple... Toi, papa, n'y connais-tu pas du monde? Tu me donnes des lettres, je me case et je vous choisis un logement dans la banlieue ; moi, naturellement, je reste à Paris pour mon travail.

— Ma pauvre fille ! Ma pauvre fille ! sanglotait la mère.

Le capitaine, pour ne pas pleurer devant des femmes, s'en alla dans le jardin.

Plus Marcelle creusa ses réflexions, plus la nécessité de chercher quelque part l'indépendance et l'avenir de sa vie lui apparut inéluctablement. Cette conviction la réjouissait et la désolait à la fois. Partir, c'était ne plus quitter Maurice, mais aussi, laisser son père et sa mère, ne fut-ce qu'un an !... Et puis, cet abîme, ce Paris, cette horreur de l'inconnu !... Elle défaillait en y songeant.

XIII

Un soir que sa mère était sortie et son père en train de lire au coin du feu, l'oppression physique que donne toujours une douleur morale, obligea Marcelle à descendre au jardin. C'est surtout la nuit qu'elle l'aimait, ce jardin peuplé des souvenirs de leurs rendez-vous !... Un mauvais temps, ce soir-là : le vent froid et flasque soufflait par brusques bouffées ; point de lune ; au ciel de noirs nuages, bousculés, se heurtant, s'effrondrant, débandade aérienne d'ombres chinoises, sarabande changeante de haillons célestes, avalanche de neige sale, fumée charbonneuse, affolée sous un souffle gigantesque et montrant, çà et là, dans le désordre de sa course, des éclaircies d'azur, où les étoiles apparaissaient, paillettes d'or roulantes dans des décombres. Seule, au milieu du jardin aux herbes fouettées, aux arbres pleurants, il semblait à Marcelle que sa vie s'écroulait comme les nuages là-haut. Vivre libre à Paris avec son amant ! Quel rêve ! Mais c'était si triste, ces lamentations du vent dans les branches convulsives !... Un vent de mort, ne soufflait-il pas aussi sur sa vie ?... ses parents ruinés, obligée de les laisser, eux et Maurice, Maurice qui restait à Noirçon... Toute leur tendresse se heurtait contre l'engagement qu'il avait pris et contre la volonté de sa mère qui, à défaut de cet engagement, ne voulait point consentir à son départ pour Paris avant un an, le temps de ranger ses affaires... Plus de rendez-vous : l'absence, l'exil, le mépris des autres, le pain à demander aux indifférents, aux heureux, aux repus... Oui, mais après ? Cet après la faisait tressauter de joie. Son cher Maurice, ne plus le quitter ! Oh : s'exiler, lutter, tirer l'aiguille, être vendeuse, ouvrière, tout souffrir, tout ! et puis l'avoir, lui, à jamais !...

C'est Maurice qui était content ! Son avenir d'accord avec son amour ! Aussi, encourageait-il Marcelle et la pressait-il de partir. Deux mois cependant s'écoulèrent, deux mois d'atermoiements, de lettres écrites, de recommandations obtenues. M. de Champvan avait laissé à sa femme quelques bijoux ; elle en vendit plusieurs pour payer des dettes et se procurer l'argent du voyage.

Le moment de la séparation arriva brusquement, à la suite d'une lettre de M. Lerozat, directeur d'un grand magasin de Paris, à qui M. Deresme avait écrit par l'intermédiaire d'un ami, et qui avait répondu : « Arrivez. Je vous caserai chez moi ou ailleurs. » Marcelle passa la journée à écrire, à préparer son linge avec sa mère, le cœur exalté d'espoir et de découragements. Elle ouvrit sa fenêtre pour le regarder une dernière fois, ce jardin qu'elle ne reverrait plus.... Il avait plu, la nuit. Le vent de février, âpre et corrodant, venu de plus haut, de plus loin, du vide froid, d'au delà de l'azur, pâlissait pour ainsi dire le soleil, assoupi, emmousseliné de fines gazes. L'air était plein de clartés crues, de fadeurs, de passages d'oiseaux. Ayant donné plusieurs rendez-vous consécutifs à Maurice et, sa mère, ce soir-là, devant se coucher très tard, Marcelle fut obligée de voir son amant à la dérobée, de lui dire adieu furtivement derrière le cimetière. Dès l'après-midi, le ciel s'était couvert de nuages. Il pleuvait abondamment, quand elle arriva. Il l'attendait. Étreinte muette. D'une main il serrait Marcelle contre sa poitrine, de l'autre il l'abritait avec son parapluie.

— C'est pour demain ?

— Oui.

— Irrévocablement ?

— Oui.

— Ce que je vais souffrir, Marcelle !

— Et moi ! Toi, tu restes ici, tout te rappellera notre bonheur : la ville, les sentiers, les arbres, tandis que moi, là-bas, seule dans cet affreux

Paris ! Oh ! tu viendras vite, bien vite, n'est-ce pas ?

— Avant la fin de l'année, j'y serai... Je te le promets... Mais pour le moment, tu sais bien, ce traité... Il faut en passer par là... Et puis, ma mère... Tu m'écriras tous les deux jours, hein ?

— Oui, je t'enverrai mon journal, ma vie, heure par heure. Toi aussi, entends-tu ?

— Je te le promets.

— Et n'oublie pas les billets !

— Ah ! oui, les billets de circulation ? Je vais m'en occuper. Mon ami Leraut connaît des journalistes. J'aurai des cartes, j'en suis sûr, j'irai te voir tous les mois.

— Quel bonheur !... Oh ! si je pouvais t'amener !... C'est impossible, je le sais... Mais s'en aller seule, est-ce triste !... J'en mourrai, Maurice !...

Il l'embrassa. Ses joues étaient froides ; sa robe, retroussée et trempée d'eau, montrait ses bottines bien au-dessus de la cheville. Ils s'étaient jurés de ne pas pleurer ; ils ne pleurèrent pas ; mais comme les sanglots étaient près de leurs lèvres ! comme elles leur montaient aux yeux, ces pauvres larmes étouffées !

— Qu'il faut s'aimer, murmurait-il, pour avoir le courage de se quitter ! Te laisser aller seule à Paris !... Quand j'y songe !...

— Ne me connais-tu pas ? De quoi as-tu peur Suis-je une femme comme les autres ?

— Ah! non, sans cela!....

Elle lui prit les mains :

— Je ne puis, je ne pourrai jamais aimer que toi, tu le sais bien. Les autres hommes? Est-ce qu'ils existent? Je les méprise, je les ignore. L'argent, le luxe, les toilettes, tu sais le cas que j'en fais, n'est-ce pas? Va, je serai à Paris ce que j'ai été ici : à toi, à toi seul.

Ils ne purent rester longtemps ensemble.

— Voyons, Maurice, disait-elle, sois raisonnable, laisse-moi partir. Maman doit être inquiète. Il est tard. Vois le temps qu'il fait.

La pluie, en effet, tombait plus fort dans les ténèbres; on l'entendait clapoter derrière les murs du cimetière, fouetter le bois des croix, cribler les feuilles sèches, bruit sourd, où se mêlaient les gémissements mous des cyprès et le sifflotage du vent dans les branches nues des mûriers. Un immense clapement d'eau tombante s'élargissait dans la campagne. L'étreinte de leurs lèvres étouffait leurs paroles.

— Courage, mon cher Maurice.... Il faut que je me crée une position, il le faut. Quelques mois encore à attendre... et nous serons réunis....

Un dernier serrement de main, un adieu, elle partit.... Alors, il éclata en sanglots et, en s'en allant, elle aussi, elle pleura convulsivement. Avant de déboucher sur l'avenue de la ville, elle se retourna pour lui parler encore, pour rester sur son cœur, pour ne plus le quitter; mais elle ne vit plus rien, que les ténèbres, où la pluie tombait.

XIV

Gagner sa vie !

Les paresseux, les inutiles, les élégants qui se mijotent dans le capitonnage des riches salons, ceux à qui le maître d'hôtel vient dire, à dix heures : « Monsieur est servi ; » ceux qui déjeunent à vingt francs au Café Anglais, avec du melon ou du raisin en mars ; ceux qui vont, tous les soirs, reposer leur somnolente digestion dans une loge d'opéra ou dans le rose boudoir d'une maîtresse ; les héros du turf, les parieurs, les entreteneurs, les manieurs d'argent de Paris, croyez-vous qu'ils soupçonnent, ceux-là et tant d'autres, les angoisses, les désespoirs, les démoralisations que contiennent ces trois mots : gagner sa vie !

Gagner sa vie ! c'est-à-dire chercher du pain. Où le trouver, ce pain ? Terrible chose pour un homme, la misère ; mais pour une femme ! — Qu'elle travaille ! — Hélas ! le travail la déshonore presque. Soyez maîtresse de piano, on doutera que ce soient vos leçons qui paient vos toilettes ; le premier venu vous fera la cour. — Ouvrière ? Autant vivre à la caserne ou au lupanar. C'est moins ignoble que l'atelier. — Institutrice ? Et le brevet ? — Demoiselle de magasin, vendeuse ? Il n'y a plus de place, et d'ailleurs, si vous n'avez pas le *chic* de l'emploi !.... Et quand le travail manque, quand on n'a pas d'élèves, quand on vous jette à la porte, quand la *déveine* vous poursuit ? Que faire, alors ? La plupart prennent un amant, un monsieur monnayable qui les met dans leurs meubles et leur permet de s'allonger du matin au soir sur une causeuse. On rencontre même des gens d'esprit qui épousent ces paquets de chair. Et le monde, qui se moque du monsieur, trouve que la femme n'est pas bête. A prendre un amant, autant le prendre riche. Les autres, les naïves, les honnêtes par nature, celles qui ne veulent pas se prostituer, savez-vous ce qu'elles deviennent, celles-là ? Oh ! c'est bien simple ! Se débrouillent-elles ? on ne veut pas croire que c'est toutes seules, et si elles n'ont pas le sou, on s'écrie : « Elle prendra un amant. Ne faut-il pas qu'elle vive ? » A priori, une femme n'est jamais présumée honnête, tant qu'elle n'a pas les moyens de l'être.

Hideuse misère ! seul crime qu'on ne pardonne pas ! Les haillons manquent de tenue, les malheureux sont de mauvaise compagnie. Mieux vaut un coquin en habit noir qu'un honnête homme râpé.....

Ah ! tendons-leur la main, à ces parias, à ces affamés, à ces chercheurs d'un morceau de pain ; aidons-les, aimons-les, nous, les compatissants, nous, les épris d'idéal, nous qui tenons une plume. Exaltons surtout la femme qui travaille, cette méprisée, cette sublime, qu'insultent tous les jours tant d'infamies saluées.

Marcelle venait d'arriver à Paris. Assise dans une chambre d'un hôtel de la rue Paul-Lelong, elle pleurait, écrasée par la fourmillante grande ville qu'elle avait traversée depuis la gare de Lyon jusqu'à la Bourse. Ce passage à travers le vacarme affolé des rues, fit défiler à ses yeux, par anticipation, les démarches inutiles, les fausses pitiés, les équivoques protections, les attentes d'antichambre, les insolences polies, où se débat, comme une balle aux mains d'un enfant, l'existence des gens sans place. La foule affairée, l'encombrement des trottoirs, l'infernale circulation de cette vie intense, où chaque mouvement a son but, chaque pas une pensée, tout cela lui fit peur. Elle regarda surtout d'un œil hébété ces plaques de cuivre, où sont gravés en noir les trois mots menteurs : *Bureau de placements :* Bureau pour domestiques, bureau pour institutrices, bureaux sérieux ou grotesques, pleins de faméliques, de désespérés, le chapeau sur les genoux, en quête de déceptions prévues, toujours prêts aux courses inutiles et aux prières superflues. Elle, la mondaine, la jolie Madame de Champvan, l'admirée de Nice, elle entrait donc de plain-pied, elle aussi, dans le monde des déclassés, des maîtresses de piano, des gouvernantes, des dames de compagnie, des teneuses de livres, des demoiselles de magasins, monde de misère gantée, première étape des dégringolades, où l'on rencontre parfois un caractère droit et fier, que ni les lâchetés ni les exemples n'ont pu plier.

Marcelle songeait à cela, et à sa famille aussi et à son Maurice ! Jamais l'étreinte de cet amour ne l'avait plus oppressée, qu'à cette heure déserte, ouvrant son avenir comme un abîme aux mille bruits. Devait-il souffrir, là-bas, son cher Maurice ! Avec quelle impatience attendait-il le résultat de l'entrevue de Marcelle avec M. Lerozat. Ah ! si elle réussissait ! Huit ou dix mois, alors, et c'était le bonheur ! Cette pensée la fit tressaillir. Vite, à sa toilette, et en route, boulevard des Italiens.

La voilà donc, les yeux rouges, plus jolie encore dans son chagrin, coquettement vêtue de noir, petit col droit, poignets en toile, jaquette à revers, d'une coupe irréprochable, capote en paille noire, garnie de jais et de plumes noires, sur laquelle une fine et courte voilette en tulle blanc....

Elle fut vite traversée, la foule bariolée et assourdissante du boulevard. Marcelle s'arrêta devant un splendide magasin de pipes : *Grand Aigle* — LEROZAT.

La foule se pressait aux vitrines où des milliers de pipes fourmillaient, blanches, longues, massives, petites, trophées tournants, bouts d'ambre, porte-cigares, étalages variés; des illustrations du jour, des têtes d'hommes célèbres, des femmes nues en miniature, à cheval, ou tordant leur torse; chars emportés, tritons ébahis, matelots rieurs, bustes provoquants, nudité de bibelots, sculpture fantaisiste, légère, demi-canaille. Robespierre et Marat, Victor Hugo et Charette, ensemble avec des tricoteuses aux doigts fuselés, des têtes de mort, des nègres, des serres d'aigles tenant un œuf, des tigres, des boule-dogues, des cerfs, des béliers, des zouaves, des femmes pompadour ou coiffées à la mousquetaire.... Au milieu de la vitrine, sous un grand globe à cylindre noir, bordé de rouge, une longue pipe avec l'apothéose de Vénus sortant de la mer dans un papillotage d'amours mignons; au bas : « 2,000 *francs, Exposition de* 1878. »

Marcelle regardait, comme tout le monde. Son cœur battait. Puis, fendant la haie des badauds, elle entra dans le magasin, accompagnée d'un : « la belle enfant, » exclamé par un vieux beau, à tête rose, à faux-col irréprochable, à pince-nez d'écaille et qui souriait d'un air d'aveu. Le magasin était encombré de messieurs, causant et examinant des bouts d'ambre. Les employés allaient, venaient, emballaient des marchandises dans l'arrière-boutique. Partout des dorures, des glaces, et des pipes, des pipes!...

Une jeune dame poudrée, les yeux peints, vint à elle :

— Madame désire ?

— Monsieur Lerozat.

— Monsieur Lerozat est à la campagne. Il ne rentrera qu'à quatre heures. Si madame veut repasser à quatre heures...

— C'est cela. Je repasserai. Ayez donc la bonté de lui remettre cette carte, dès qu'il rentrera.

Elle sortit, désappointée de l'impression encombrante que lui avait faite ce bazar élégant, et elle traversa le boulevard, droit devant elle, sans voir les monocles cyniques, les tailles raides, les cannes sous le bras, les pardessus mastic de la gomme paradeuse et du « gratin » désœuvré. Elle se sauva vite, vite, de cette gaieté bruyante, épanouie le long des trottoirs des Italiens, gaieté surhumaine et titanique, faite d'étincelantes vitrines, de dorures d'enseignes, de rumeurs de foule, de jupes de femmes, de voitures toujours en marche. Formidable débordement social, immense saôulerie, palpitations du cœur de la France, où se mêlent l'odeur du vice, le miasme des sous-sols de restaurants, le bruit des assiettes, le ronflement des digestions !

Marcelle rentra à l'hôtel par la rue Vivienne et la rue Notre-Dame-des-Victoires. Elle remit sa robe grise et sa toque noire, tâchant de refouler la souffrance qui lui montait dans l'âme : il arriverait bien tout seul, le moment où elle éclaterait, où son isolement l'écraserait à mourir ! Et cependant, malgré cette lente, malgré cette sourde montée d'angoisse, elle avait faim, la jeune femme, bien faim même. Ce voyage terrible passé à pleurer, le grand air, la marche... Elle alla donc au restaurant indiqué par Maurice, rue Montmartre, un petit restaurant encombré d'ouvrières, de rapins, d'employés, d'hommes de lettres en panne, où chacun retrouvait sa place, ses connaissances, sa soupe à l'oignon. Marcelle était bien, là, distraite par les bourdonnantes conversations des ouvrières qui la regardaient. En sortant, elle se rendit, à l'agence de la rue de Cléry, qu'on lui avait recommandée. Il faut se presser à Paris ! Les jaunets filent si vite !...

Au bureau, on la fit attendre au milieu d'une demi-douzaine de figures blafardes, à peau fanée, à cheveux en loque, le menton enfoui dans des redingotes lamentables ; on l'introduisit ensuite dans le cabinet du directeur, monsieur roux, fauve, sans sourcils : un retiré d'incendie. Il écrivit le nom de Madame de Champvan sur un registre.

— Voulez-vous me donner votre adresse, madame ? Nous disons : gouvernante, institutrice, leçons de français, d'anglais et de piano ? Très bien. On s'occupera de vous. Je vous préviendrai... au revoir, madame...

7.

Elle sortit. L'horrible escalier ! Une odeur de communs et de pavés de cour suintait des murs. Devaient-ils avoir une jolie idée de l'existence, les pauvres diables qui débutaient dans la vie par cet escalier !

Marcelle rentra à l'hôtel. C'est alors qu'elle pleura longuement, vaincue, enfin, par cet exil, par ces deux cents lieues qui la séparaient de ce qu'elle aimait. Crise prévue, explosion de sanglots amassés depuis le matin ! Elle ne put même pas trouver du courage dans la pensée de son amant, dont elle avait gardé le portrait. Cher portrait, comme elle vous mit désespérément sur ses lèvres ! Comme elle le regarda, son Maurice ! Comme elle le revit nettement au bout de la France, à Noirçon, peignant les fresques de Saint-Sauveur, pendant que le grondement de Paris mugissait sans trêve sous les fenêtres de l'hôtel !

« Ta pauvre Marcelle, lui écrivit-elle, aime-la bien, aime-la plus que jamais, mon enfant ! aime-la avec tout ce qu'il y a de meilleur en toi... J'en ai tant besoin ! Seule ici, perdue, sans protection, sans bonheur... Il me semble que je t'ai quitté depuis un siècle ; que nous ne nous reverrons jamais... Je suis découragée, brisée... et je commence à peine !... Aboutirai-je ? Je n'en sais rien. Paris m'effraye. Je me sens mourir, et je pleure, je pleure, en t'écrivant... »

Elle était plus calme, à quatre heures, en se rendant au magasin du *Grand Aigle*. M. Lerozat vint à elle en l'apercevant. Le Parisien devina la provinciale.

Un gros homme, M. Lerozat, l'air aimable et finaud, distrait d'apparence, les traits lourds, même un peu boursouflés, le visage rougeâtre sous de noires moustaches.

— Vous avez, madame, lui dit-il, la meilleure recommandation qu'on puisse me présenter : celle de mon ami Pellat... Cela suffit pour que je m'intéresse à vous... Instruite comme vous l'êtes..., intelligente, jeune, élégante... Vous ferez, j'en suis sûr, une excellente vendeuse.

Il entra dans les détails :

— Je dois vous prévenir d'une chose : tous mes employés couchent dans la maison. Quant aux appointements, j'espère qu'ils vous conviendront... Venez donc demain, à Passy, chercher ma réponse, si ça ne vous dérange pas trop, Avenue du Trocadéro, 208. Une promenade. D'ailleurs, vous avez le tramway... Je suis très pressé, en ce moment-ci...

Et après quelques politesses, il la salua. La jeune femme maquillée déjà vue le matin, accompagna Marcelle jusqu'à la porte :

— Madame entre comme vendeuse ?

— Je l'espère, dit Mme de Champvan.

— Ah ! fit l'autre d'un ton singulier.

Puis souriant :

— Tâchez de réussir, n'est-ce pas ? Nous vous aimons déjà beaucoup...

Oui, mais ce « Ah ! » qu'est-ce qu'il voulait dire ?

XV

Louis-Étienne Lerozat dirigeait une importante fabrique de pipes, ayant des succursales dans toutes les capitales d'Europe. La maison du *Grand-Aigle* a, la première, introduit dans le commerce cette spécialité de pipes qui a obtenu tant de vogue, sous le nom de pipes *sultanes*, contenant dans leur matière première un suc aromatique, qui donne à la fumée une saveur extrêmement agréable. Exploité avec le génie des réclames parisiennes, ce procédé eût rendu M. Lerozat plusieurs fois millionnaire, si cet heureux commerçant n'eût caché, sous un masque bénin, un noceur enragé, tâchant de rattraper dans les affaires l'argent que lui gaspillaient ses maîtresses. Oui, ce poussah bedonnant n'avait vu dans le triomphe de son entreprise que ses appétits à satisfaire, que ses vices à dorloter. La fortune, cette récompense des probités travailleuses, il ne l'avait désirée que pour les pudeurs qu'elle livre, pour les virginités qu'elle achète, pour les soupers orgiaques, non pas avec des noceuses de profession, mais avec celles que la misère amenait chez lui, en quête d'une place. Pas une de ces jolies filles que vous avez vues frétiller derrière le comptoir de l'éblouissant magasin, qui n'eût passé par son lit !

Cette exploitation lui fournissait, en dehors de ses liaisons en titre, un harem économique de femmes banales, qu'il congédiait dès qu'il en était repu ou qu'elles devenaient exigeantes. Quelques-unes ne demandaient pas mieux que de tomber dans ses bras. Avec les autres, avec les naïves qui s'imaginent qu'on peut vivre de son travail, il usait de trucs ignobles, un entre autres, que je ne vous garantis pas historique, mais qui m'a été raconté par les gens de la maison.

— Je dois vous prévenir d'une chose, leur disait-il, d'un air indifférent : tous mes employés couchent chez moi. Si cela vous convient, passez dans mon cabinet, ce soir, je vous indiquerai votre chambre.

Le soir, il conduisait la personne dans une pièce élégante ; et toujours du même air indifférent :

— Si ça vous est égal de coucher ici en attendant? Pas d'autre pièce disponible, pour le quart d'heure.

Et il sortait.

Restée seule, un peu effarée, la jeune fille visitait la chambre : double matelas au lit, moquette à terre, souple ottomane... très bien, mais pas de clef à la serrure. Impossible de se verrouiller. Que faire? Rien d'inquiétant dans l'allure du patron. Les locataires montent tranquillement l'escalier... Ma foi ! on se couche, un peu inquiète, sans doute, un peu apeurée de ce sommeil sans défense, que protège seulement le canapé roulé contre la porte... A minuit M. Lerozat entrait. Un cri : « Monsieur ! » Mais aussitôt la voix rassurante du patron :

— N'ayez donc pas peur, ma chère enfant...

Et on s'approchait, on saisissait une main tremblante... Mots d'amour, promesses de gros appointements, la vie assurée, la fortune même... Que faut-il de plus pour vaincre une honnêteté peut-être à bout, à coup sûr toujours un peu débile, toujours un peu corrodée au contact des souillures parisiennes?

Voilà dans quelle gueule de loup paillard Marcelle allait se jeter; peut-être, dans sa naïveté bourgeoise, n'en aurait-elle rien cru, si on le lui avait dit. Ce fut donc alerte et rajeunie d'espérance qu'elle se rendit à la villa de l'avenue du Trocadéro, une coquette habitation, avec un jardin planté d'arbres, dont les branches nues ajouraient la façade triste aux balcons déserts. Pour tout bruit, le passage du tramway. A droite et à gauche, au fond d'autres parcs, d'autres maisons, persiennes closes, transparaissaient derrière des marronniers sans feuilles. A travers le treillage des branches, on voyait des bouts de perrons; malgré l'absence des végétations, encore engourdies, les gazons étaient mous sous les pieds, et les allées déjà fraîches. Un volant, lancé par une raquette, dépassait parfois la cime des arbres voisins ; un éclat de rire s'élevait ; une grille qu'on referme grinçait... Quartiers recueillis où expire la rumeur parisienne, pleins d'une élégance paisible, ayant un air de propreté qu'on remarque même dans le vol des oiseaux dont les sautillements délicats laissent à peine de trace sur le sable fin des allées.

Seule devant la grille, n'apercevant plus du tramway fuyant que le conducteur debout sur la plateforme, Marcelle s'oublia un instant à savourer cette solitude, qui lui rappelait les villas des promenades de Noirçon ; puis, poussant la grille, elle entra. Au bout de l'allée, M. Lerozat parut. Il frétillait d'attente, le vieux noceur ! Une provinciale ! C'est novice, ça vient de loin... Ça ne doit pas résister beaucoup... Il s'inclina et prit un ton bonhomme pour inspirer la confiance.

— Ah ! c'est vous, madame ? J'ai bien l'honneur de vous saluer... Vous êtes exacte, précieuse qualité dans le commerce... Je vous préviens, je suis là-dessus, un peu... comment dirai-je ?... un peu raide, oui... Je crois pourtant que nous nous entendrons... Je vous prends chez moi, c'est convenu... Voici mes conditions...

Il voulut, d'abord, lui montrer sa volière, sa serre, ses plantes rares et enfin l'intérieur de l'habitation, d'une magnificence exceptionnelle, comme en rêve la variété faussement aristocratique des commerçants enrichis.

— Eh! eh! disait-il d'une voix paterne, les dents ouvertes dans un sourire finaud qui ridait son front, Voilà comme je suis, moi... Je déteste Paris... et les Parisiens !... un tas de farceurs, commerçants jusqu'au bout des ongles... et qui ne cherchent qu'à vous flouer !... Aussi, qu'est-ce que je fais? Je m'exile, je viens respirer, trois fois par semaine, l'air pur qui souffle de ce côté... Je me sens tout guilleret dès que j'arrive... Un peu d'herbe, un peu de ciel, c'est la santé, voyez-vous... surtout dans cette saison... Ah! si je n'avais pas mon magasin... mais les affaires, les affaires !... — N'est-ce pas que ce petit parc est charmant?

Sa galanterie évidemment, n'osait sortir d'une réserve prudente. Mais ce tête-à-tête troublait Marcelle. N'avait-il pas quelque chose de louche, de prémédité? Une si rapide protection était bien extraordinaire dans une ville où tant d'indifférence accueille les solliciteurs ! Ce langage familier cachait des sous-entendus ; cette politesse avait l'air d'une insolence !...

Il parla de la fabrication des pipes, du traitement de ses employés ; puis, montrant à la jeune femme ses bronzes, ses bibelots, ses potiches, ses laques japonaises, ils passèrent dans la salle à manger. Là, Marcelle tressaillit ; un domestique mettait le couvert. M. Lerozat réfléchit un instant, immobile, les sourcils ramassés, le menton entre le pouce et l'index. Moment décisif.

— Madame, dit-il, enfin, en s'inclinant, voulez-vous me faire l'honneur d'accepter à déjeuner ?

Elle eut dans les yeux un éclair de colère, aussitôt réprimé...

— Je vous remercie, monsieur, on m'attend à Paris.

Le négociant sourit, en reculant une chaise... Des manières, quoi ! du minaudisme, du *gnan gnan*, comme elles font toutes...

— Qui donc peut vous attendre à Paris ? Vous n'y connaissez personne.

— Qu'en savez-vous ? Faut-il si longtemps pour connaître certaines gens ?

Il souriait toujours :

— Bah ! partir à jeun... Vous croquerez bien un baba, un gâteau, n'importe quoi ?

— Non, monsieur, je ne puis accepter.

Le négociant mit une main sur son cœur :

— Vrai, madame, vous n'êtes pas aimable... Vous ne voulez pas ?.. Décidément ?... Vous savez, sans cérémonie.

Les lèvres contractées, ayant de la peine à se contenir, elle continuait à refuser muettement. Il la regarda, de ce regard sournois et scrutateur des sceptiques qui se voient joués. Il comprit, et se mit en devoir de l'accompagner pour sortir. Sa voix changea de ton :

— Je n'insiste pas, madame, mais vous me contrarieriez beaucoup, je vous assure. Ce sera pour une autre fois, n'est-ce pas ?

— Je ne puis vous le promettre, monsieur, ma position a des exigences que vous devriez comprendre.

— Si je les comprends, madame ! Mais parfaitement... Seule, séparée de votre mari... Votre position..., certainement...

Ils étaient devant la grille :

— Quand saurai-je votre réponse ? demanda-t-elle.

Il calcula, les yeux au ciel.

— Euh !... Voyons donc... Un de ces jours au magasin, n'est-ce pas ?

Et, s'inclinant, d'un air moitié poli, moitié ironique, il ajouta :

— J'ai bien l'honneur de vous saluer, madame.

— Poseuse, va ! se dit-il en remontant le perron... « Des exigences... ma position... » De pareilles guitares, quand on meurt de faim... Mon Dieu, que les femmes sont donc bêtes !... Et ça vous demande une place de vendeuse dans un des premiers magasins de Paris !... On t'en collera, ma fille, des places de vendeuse avec ce petit *acent* provençal !... — Baptiste, attelez le coupé.

XVI

Mardi, 5 heures soir.

« Que je souffre, Maurice ! J'ai cru mourir de regret, cette nuit, dans cette affreuse chambre d'hôtel... Que devenir ? Je n'ai plus de courage... Quel être ignoble, ce Lerozat ! Exploiter la misère d'une femme ! Se figurer que j'étais à vendre !... Je suis aller prendre sa réponse, persuadée qu'il ne m'accepterait pas... C'est ce qui est arrivé ! Ah ! si j'osais, comme je retournerais me jeter dans tes bras. — Mais notre amour, mais notre avenir !

« Lerozat perdu, il m'a fallu voir autre chose. J'ai bien un tas de lettres de recommandation ; mais tu sais le cas qu'on en fait, des lettres de recommandation... On les lit, oui, on vous comble de politesses, on vous promet mons et merveilles ; quant à perdre pour vous une minute de son temps !... Ainsi madame de Mérande, rue de Varennes... charmante, exquise,... mais tout ce qu'elle peut faire, c'est de parler au curé de Saint-Germain, qui a d'excellentes relations dans l'aristocratie et qui pourrait, dit-elle, me trouver une place d'institutrice ou de gouvernante dans une bonne famille. Madame Desvinière est à la campagne. Madame Ermoël ne m'a même pas reçue. Monsieur Riane, le négociant du boulevard Haussmann, s'est apitoyé sur mon sort.

« Que je vous plains ma chère petite dame! Ma femme est absente, je lui parlerai de vous, revenez un de ces jours. » Je suis allée aussi chez madame Arnaud la brodeuse : elle m'a donné des mouchoirs. C'est dérisoire comme c'est peu payé. D'ailleurs, elle a son personnel...

« Elle me conseille de louer une chambre, de broder chez moi, de prendre une suite de dessin, des ouvrières. Les dessinateurs gagnent beaucoup d'argent ; j'ai toujours eu du goût à dessiner... Une seule personne s'est montrée dévouée, sincère, émue : c'est le docteur Bernard, un gros homme frais, rasé, ruban rouge à la boutonnière. Papa l'a connu chirurgien major à Millianah. Il demeure rue du Pont-Neuf. Il m'a fait asseoir, m'a présenté sa femme, une Parisienne rougeaude et affable, qui m'a tout de suite prise en amitié.

— Pourquoi ne pas venir nous voir en arrivant? m'a-t-il dit. Je vous aurais empêchée de vous présenter chez Lerozat. Sa réputation est détestable! Deux faillites en quatre ans!... et d'une moralité! En sortant de là, on ne vous eût reçue nulle part. Ma femme et moi nous avons quelques relations. Nous ferons tout notre possible pour vous aider.

— En attendant, a ajouté sa femme, vous allez déjeuner avec nous.

— Mais j'y pense ! a repris le docteur en regardant madame Bernard, est-ce que mon ami Chavassieux ne pourrait pas la prendre chez lui ?

Et se tournant vers moi :

— Ça vous irait-il d'être ouvrière, pour le quart d'heure ? Vous serez bien payée.

— Je suis décidée à tout pour gagner ma vie, ai-je répondu.

— Eh bien, alors, j'ai ce qu'il vous faut. Je verrai Chavassieux, un de mes amis... Vous n'avez qu'à vous présenter en mon nom. Je vous réponds qu'il vous prendra. Affaire conclue. — A table ! J'ai faim ! Et vous ?... C'est joliment difficile, hein, ma chère dame, d'attraper une position dans ce monde ?... Si c'est comme ça dans l'autre !...

« Quel brave homme ! Et rond, loyal, malgré sa physionomie dure. Sa femme m'a fait promettre d'aller la voir tous les jours. En sortant de là, j'étais plus heureuse, j'avais de l'espoir. Il ne doit pas mentir, ce docteur. C'est hier qu'il a vu Chavassieux. Ce Chavassieux est à la tête d'une importante maison de broderies. J'irai donc chez lui demain. Je te l'écrirai.

« Vois si j'ai perdu mon temps. Ah! j'oubliais! Hier je prends le *Petit Journal* pour lire les annonces ; j'y trouve ceci : « On demande demoiselle intelligente, connaissant la musique. Rue de Bussy. » J'y cours, je tombe sur un bureau de placement. On me dit : « C'est pour un monsieur qui a une villa du côté de Passy. » Un soupçon me vient : Monsieur Lerozat ? — Précisément... Est-ce fort ? Il n'ose plus, par pudeur, faire imprimer dans les journaux le nom du *Grand-Aigle*. Que de femmes cet homme a dû perdre!

. . . .

Mercredi.

« Ah! ton Paris, je le déteste, avec son vacarme, son vice, son cynisme éclaboussant! La vie y est plus courte. Ma journée se passe à courir, à prendre l'omnibus, à monter dans les tramways. Le soir, je suis morte de fatigue...

« Encore suis-je moins dépaysée depuis quelques jours. J'y connais du monde, j'ai de l'espoir! Malheureusement, les places sont si courues! Les broderies suffiraient à peine pour gagner ma nourriture. Les leçons tarderont peut-être des mois... Il faudrait pouvoir attendre et j'ai si peu d'argent!...

« Quelqu'un que j'aime déjà beaucoup, c'est Madame Bernard. Elle m'amuse. Elle ne vous parle que toilettes, bijoux, soirées, argent, affaires. Excellente, d'ailleurs, très dévouée. Elle ne peut pas s'imaginer que je me résigne au travail et à la misère, moi qui ai eu un train de maison autrement beau que le sien, car il m'a fallu lui raconter ma vie, en supprimant notre amour, bien entendu. J'ai dit seulement que mon mari m'avait quittée. Ce parlotage distrait un peu mes angoisses quotidiennes. Mais j'ai beau essayer de me résoudre, l'espérance qu'on me donne, ne compense pas mes douleurs et mes inquiétudes...

« Mon Dieu ! sont-elles heureuses, celles qui se font religieuses à vingt ans, celles qui ne voient pas la vie de près et qui meurent doucement, d'une mort aussi calme, aussi sereine que l'ombre du cloître ! Ah ! puisses-tu ne jamais la connaître, cette étreinte de l'exil, cette lutte pour vivre !

« Ce qui me soutient, c'est ton amour, ton amour seul. Je me sens du courage, à l'idée que nous vivrons ensemble et que cela ne saurait tarder. Oh ! compte sur moi, mon Maurice ! compte sur ta Marcelle, qui n'a que toi au monde, qui ne veut que toi dans sa vie, qui t'aime tant ! Tu as mon corps, mon âme, ma tendresse la plus inviolée. Tous les jours, je t'aime plus profondément, plus saintement. Et comme je suis heureuse quand je me dis que je t'attends, que tu es à moi pour toujours, avec ta grandeur, ton désintéressement, ta belle nature d'artiste, tes qualités et tes défauts. Aime-moi bien ! Ne m'oublie jamais ! Écris-moi toujours ces bonnes et longues lettres, qui m'apportent tant de résignation et d'apaisement. Moi, vois-tu, je t'aime à en mourir, à en pleurer de révolte, quand je songe à la distance qui nous sépare, quand je te revois au milieu de nos souvenirs, le soir sous les oliviers, dans le salon des *Chênes-verts*, la nuit, sous les étoiles... Et nos chers hiboux qui chantaient dans les arbres, et ce soleil d'été qui nous plombait la tête, et les cigales grinçantes, et nos rendez-vous aux *Sapinettes*... dis, dis, t'en souviens-tu ?...

Jeudi, matin.

« Madame Arnaud, la brodeuse, me quitte à l'instant. Elle me propose de louer une chambre meublée, dans la maison où elle est : vingt-cinq francs par mois. Cela vaut mieux, en effet, que de rester à l'hôtel. J'achèterai un fourneau, je ferai moi-même ma petite cuisine dans ma chambre... Qu'en dis-tu ?

11 heures du soir.

« Je vais me coucher. Je viens te dire adieu, te prendre sur mon cœur, t'étouffer de caresses... Je te vois là, tout près de moi, avec tes beaux yeux noirs, ta belle âme dans tes yeux... Laisse-moi mettre mes lèvres sur les tiennes, avant de m'endormir, comme autrefois à l'hôtel de Champvan... Laisse-moi t'étreindre, te garder à moi, fermer avec mes baisers cettre lettre que tu liras demain... Noirçon, la Provence, notre cher passé, est-ce loin tout cela !... Quand je vois cette chambre où je suis, ces ombres que ma lampe remue, je crois rêver.... Il me semble que tu vas venir et que je t'attends...

Vendredi, matin.

« Je reçois le billet suivant du docteur Bernard : « Acceptée chez Chavassieux, rue Joquelet. » Une place ! Quelle joie ! Le temps de t'étouffer sur mon cœur, de t'envoyer mille caresses... A demain, je cours rue Joquelet...

P. S. — Et les billets de circulation ? As-tu fait des démarches? Quand viendras-tu ? »

XVII

Maurice resta brisé du départ de Mme de Champvan. Sa douleur le courbatura comme une pesanteur physique. Pour s'en distraire, il battit les bois, parcourut les collines, travailla moins, passa le temps à songer qu'elle était là-bas, dans cette immonde ville, terrible océan de périls et de chutes ; oui, mais c'était Marcelle ! Rien ne la tentait, celle-là, ni les plaisirs, ni les vertiges des milieux. A défaut de son amour, son orgueil, l'étrange dédain de sa nature, l'auraient sauvée. Donc, rien à craindre. Mais réussirait-elle ? Trouverait-elle une place ?

A force de rêver à l'absente, il se prit à haïr la ville qu'il habitait. Qu'y faire, seul ? Qu'y devenir ? Se promener sur les Allées, longer les remparts, regarder les vieux hôtels du Cours, se dégourdir les jambes jusqu'à la gare et, le soir, frotter ses coudes sur des tables de café, en lisant les *chroniques locales* d'une stupide feuille de chou ! Quel supplice pour un homme intelligent ; combien plus terrible pour un artiste amoureux ! Aussi finit-il par ne plus sortir. Il resta chez lui, à bâcler des paysages miniatures, vendus à vil prix, dont il envoyait l'argent à sa maîtresse. Elle avait d'abord refusé de rien recevoir de lui et ce ne fut pas sans effort qu'il finit par lui faire accepter l'argent de quelques-uns de ses tableaux. Mais il la supplia tant, elle vit qu'il en serait si heureux !... Elle y consentit donc, non pour elle — ces minimes secours étaient si peu de chose, gouttes d'eau dans un océan — mais pour lui, pour lui qui aurait voulu lui donner des millions. Des millions !... Elle qui ne les eût désiré que pour lui !...

C'est égal, elle les recevait, les larmes aux yeux, ces mandats de dix ou vingt francs. Cela lui permettait de ne pas trop entamer l'argent apporté de Noirçon. Sauf ses heures de travail obligatoire à l'église Saint-Sauveur, rien ne put tirer Maurice de cette réclusion artistique. Le manque de distractions aviva d'abord ses regrets ; mais on s'habitue si vite à la souffrance, surtout quand elle est sans remède et continue ! Avec quelle fièvre il attendit la première lettre de Madame de Champvan ! Que de courage lui donnèrent ces chères lignes désolées, palpitantes d'amour ! Pauvre Marcelle, comme elle souffrait ! Mais comme elle l'aimait aussi !

« Ne crains rien, Maurice ! Ne crains rien, mon enfant. Devant Dieu, devant ma conscience, tu es mon mari. Je saurai te défendre, te respecter, plus encore à présent que tu ne peux veiller sur moi. Je me renferme dans mon amour, entièrement, sans rien voir, et je suis trop fière, oui, trop fière d'être aimé de toi, je t'ai placé trop haut pour t'oublier ! Je t'attendrai, fut-ce dix ans, aussi fidèlement que si j'étais ta femme... Ta femme ! Je suis bien plus que ta femme : Je suis ton amie, ton esclave, ta maîtresse. Et mon honnêteté me coûte si peu d'efforts ! Je t'aime tant ! Je suis si heureuse de t'appartenir ! C'est toi qui m'a faite ce que je suis, bonne, douce, enthousiaste, décidée à tout supporter, l'absence, les privations, la misère même, sans un regret, sans une envie, pourvu qu'il me reste tes deux bras, ta fidélité, mon Maurice, enfin ! »

Le moyen, avec de pareilles lettres, de se résigner à habiter Noirçon ? Il y était contraint, cependant, par son traité avec l'Evêché. Labanel, d'abord, ne devait l'appeler que dans un an ! C'était inéluctable, fatal. Marcelle le savait bien. Un an d'attente désœuvrée, de jours monotones, apportant tous les soirs, par lettres, la vie lointaine de Marcelle, les faux espoirs, les déconvenues de sa misère aux abois, tout cela supporté par elle toujours avec le même indomptable orgueil, la même sérénité du devoir accompli, avec l'obstination de l'épave remontant au bout des vagues, malgré la tempête. Chacun des deux amants vécut donc de la vie de l'autre et, pour tous les deux, à deux cents lieues de distance, les journées se passèrent à épier le facteur.

Maurice avait écrit à son ami, Joseph Leraut, afin d'avoir des cartes de circulation sur la ligne de Paris-Lyon-Méditerranée. Leraut, connaissant beaucoup de journalistes, en obtiendrait facilement ; mais c'était des cartes permanentes que voulait Maurice ; il fallait pour cela s'adresser à M. Paulin Talabot ou aux membres du conseil d'administration de la Compagnie, démarche qui, avec un peu de protection, aboutirait certainement. Cette espérance atténuait par intermittence les ennuis du jeune homme, qui s'exila de plus en plus dans le cénobitisme de son attente et de son art.

S'il allait parfois se promener, c'était dans les sites peuplés d'anciens souvenirs, sous les oliviers, sur les chemins, à l'heure du soleil couchant, quand la lune, en plein firmament, s'efface presque dans la clarté trop vive du jour et paraît si diaphane, qu'on croit voir l'azur du ciel au travers... L'endroit où sa passion regrettante l'attirait obstinément, là où se concentraient ses retours de bonheur, c'était les Chênes-verts, sur le coteau des Hubachs. Même solitude chaude autour de ces quatre murs, mêmes bourdonnements d'insectes dans les rayons vibrants du soleil. Rien de changé : la façade écaillée, les arbres fixes, les lézards fusant dans les pierres. Il ne manquait que sa maîtresse, au détour de l'allée, accourant, le visage rouge, la sueur aux tempes... Elle était à Paris ! A cette idée qu'elle à Paris, Maurice écoutait intérieurement l'imaginaire bruit de la capitale, avec un entêtement halluciné qui finissait par mettre devant ses yeux la vision de la grande ville, les terrasses des cafés, les remuements de foule, les bateaux sur la Seine. Où pleurait Marcelle en ce moment ? Dans quelle rue de l'immense dédale traînait-elle sa marche découragée ? Y songeait-elle, à ces après-midi passées derrière cette porte verte, aux heures voluptueuses où elle se mourait d'amour sur son cœur, pendant qu'au dehors, la chaleur étouffait la nature ?

Un soir, au crépuscule, comme il longeait les murs du cimetière, il frissonna en revoyant tracés en noir sur le badigeonnage à la chaux de la porte, ces mots : *Requiescant in pace*, lus si souvent lorsqu'il attendait sa maîtresse. Son bonheur à lui, n'était-il pas mort aussi, et ne reposait-il pas dans ce cimetière, avec ce peuple d'oubliés et de dormeurs ? Tout à coup, une ombre à l'angle du mur... Un bruit sec dans le cimetière, comme une planche de cercueil brisée. Maurice s'en retourna. Des bandes noires, horizontales, jets d'encre sur une vitre, rayaient le couchant.

Il racontait tout cela à Marcelle. Elle aussi ne lui cachait rien. Les insolences auxquelles sa situation l'exposait faisaient bondir le jeune homme. Mais sa rage était impuissante, sa colère se consumait en évocations sans fin, en souvenirs d'amour, lui remontant au cœur avec des particularités et des nuances inaperçues jusqu'alors. Il les savourait profondément, cruellement, à en perdre la pensée, à en pleurer des journées entières des larmes cuisantes, âpres, salées, terribles larmes brûlantes qui vous labourent la face, comme une sueur de sang venue du cœur.

XVIII

La chambre louée par Marcelle chez Mme Arnaud, brodeuse, était située au cinquième étage d'une maison de la rue des Saints-Pères, au coin de la rue de Grenelle. Mme de Champvan, ce matin-là, pour aller chez Chavassieux, rue Joquelet, passa donc par le Louvre, le Palais-Royal et la rue Richelieu. Cet élégant côté de Paris, vu dans la vapeur gaie d'une matinée de mars, laissa la jeune femme inattentive. A peine remarqua-t-elle, fondant, au loin, son or dans la brume, la façade colossale et rayonnante de l'Opéra. Tout en marchant, sa pensée retournait à son pays de terres brûlées, de pins odorants, d'oliviers mous sous la brise, comme les vagues d'un lac. Loin de s'en distraire, ses regrets s'irritaient aux agitations parisiennes. L'oreille emplie du roulement des omnibus, du va-et-vient des passants, qui ressemblaient, sur les ponts, à des marionnettes devant la rampe d'un théâtre; en écoutant les hélices battantes tracer leurs zébrures d'écume derrière les bateaux, elle se prenait à haïr Paris d'une terrible haine, d'un souhait de mort, d'une folle envie de le voir flamber soudain, maisons croulantes, palais incendiés.

Devant le Louvre, pourtant, son enthousiasme s'émut. L'aspect de cette architecture, grandiosement massive, fit, en une minute, défiler à ses yeux le cortège des gloires classiques, dont l'écho avait bercé sa jeunesse au fond de sa province. C'était donc là que dormaient les chefs-d'œuvre de tant de peintres et de sculpteurs!... Les reproductions connues, les poses sublimes, les lithographies admirées dans l'isolement de sa vie passée, chantèrent dans sa mémoire la supériorité des choses de l'âme, des idées de Maurice, car c'était à Maurice qu'elle revenait toujours.

Elle y songeait encore, dans le large vestibule de la maison Chavassieux. Au fond du vestibule, un panonceau luisant portait ces mots : *Chavassieux, brodeur, deuxième étage.*

Sur une porte du second étage elle lut : *Chavassieux. Manutention et broderies.* Elle était si tremblante, si émue, qu'elle ne vit rien en entrant. Un ronflement de machines lancées à toute vitesse, l'aigu sifflement des dévidoirs, s'échappant par la porte entr'ouverte, emplirent le corridor d'un vacarme de travail et de voix étouffées. Marcelle défaillit. Son père, sa mère, son amant lui réapparurent. Le sentiment bien réel, cette fois-ci, de sa nouvelle existence la fouetta au cœur comme une lanière cinglante. Puis, tout son courage lui revint. M. Chavassieux était devant elle : trente-huit ans, imberbe, les yeux roulants, les jambes courtes, joufflu, fronçant les sourcils, l'air colère, vêtu d'un sac bleu-marin qui contrastait élégamment avec la vulgarité de ses traits et son accent traînard de faubourien.

— Je viens de la part du docteur Bernard.

— Ah! c'est vous, madame? Très bien ; savez-vous lire, écrire, compter, trotter dans les rayons, découper des broderies?

— Oui, monsieur.

Il réfléchit un instant sans la regarder, puis, d'une voix rude :

— Je n'ai rien à refuser à Bernard. Je consens donc à vous prendre chez moi ; mais je ne puis vous mettre qu'à la *découpe*. Pas d'autre emploi pour le moment. Trois francs cinquante par jour. Votre avancement dépendra de votre travail. Venez demain ou aujourd'hui, comme vous voudrez...

Et il lui tourna le dos pour interpeller des employés, debout au milieu des salles qui se suivaient à la file, pleines d'ouvrières et d'étoffes empilées.

— Dites donc, vous, là-bas, Rousset, quand vous aurez fini de vous balader, les mains dans les poches?... Et ce grand flémard qui vient faire de l'œil dans l'*atélier*, faut-il y aller à votre place compter les *masses* et m'apporter les *chenilles* ? Joseph ! des perles à la manutention... Et plus vite que ça, hop !... Mais c'est donc jour de flâne aujourd'hui, que tout le monde se fait du lard !

Voilà comment Marcelle fut reçue par M. Chavassieux, brodeur.

XIX

La voyez-vous, le lendemain, descendre la rue des Saints-Pères ? Point d'équipage, à cette heure matinale ; peu de fiacres au boulevard Saint-Germain et sur les quais. Seuls, le roulement des omnibus sur le pont branlant des Saints-Pères, les voitures du service postal, bourrées de facteurs qui, de loin en loin, se détachent, un par un, au détour d'une rue, la main sur leur boîte et tombant sans bruit du marchepied, en équilibre sur leur talon. Marcelle coudoya des employés de magasins, des bureaucrates, des ouvrières, le Paris qui mange aux mêmes heures, dans les mêmes rues, qu'on rencontre aux mêmes coins de maison et qui boit du café au lait sous les portes cochères. Elle aussi, tout en marchant, elle déjeunait avec des croissants et du saucisson. Rafraîchie aux brises de la Seine, au courant d'air du passage du Louvre, elle allait courageusement à l'atelier, grignotant son pain, songeant au chocolat vanillé que prenait autrefois dans son lit la riche

Madame de Champvan. Même chez le peuple, quelle autre façon, là-bas, d'entendre la vie ! Laquelle des plus pauvres ouvrières de Noirçon se fût contentée du café au lait à trois sous de ces Parisiennes pressées ?...

Pendant ce temps, les magasins exhibaient leurs étalages, les marchands de journaux s'installaient, les vendeuses ambulantes traînaient leur voiture à bras, et Marcelle trottait toujours, talonnée par le temps et la distance, ces deux monstres qui dévorent la vie de ceux qui travaillent ou qui vont à pied.

Elle entra chez Chavassieux à sept heures, sous le nom de *Madame Champvan*. Une demoiselle blonde, la manutentionnaire en chef, la reçut et lui donna sa besogne : découper des broderies, travail facile mais qui vous casse les doigts, les premiers jours. On la fit asseoir à côté d'une Gasconne, boulotte et cynique, dans une salle où dix mécaniciennes traçaient au point de chaînette des contours de dessins avec du fil d'or, d'argent ou d'acier. Toutes ces figures de jeunesse vieillotte et détraquée dévisagèrent la nouvelle venue, d'un air curieux, mais bienveillant. Ce fut à qui préviendrait sa gêne, son inexpérience, à qui lui apprendrait les usages de l'atelier. Un examen plus réfléchi de cette femme pâle, énergique et douce, dont les malheurs accentuaient encore la beauté triste, établit bientôt un silence d'admiration, une réserve, qui arrêta les conversations ordurières. On baissa la voix, les jurons restèrent aux lèvres ; pour la première fois, on chanta des airs innocents.

La petite Gasconne se mit à parler à Marcelle, comme à une vieille connaissance. Elle lui apprit le nom des quatre-vingts ouvrières, depuis la petite bossue qu'on plaisantait dans la salle à côté, jusqu'à la manutentionnaire en chef, grande fille chlorotique et sèche, fleur d'entresols parisiens. Toutes vulgaires, en somme, banales, populacières, mais bonnes filles et respectueuses envers Marcelle. Leur accueil complaisant adoucit pour Mme de Champvan cette réclusion de forçat. Elle ne vit, d'ailleurs, qu'une chose : c'est qu'elle pouvait attendre Maurice à l'abri du besoin. Malgré l'angoisse de se voir jetée dans cet étrange milieu, l'amour chanta muettement dans son âme des symphonies d'ardente passion, qui la consolèrent et la désengourdirent du ronflement continu des machines, du grincement des dévidoirs, où l'on roulait l'or et la soie, au milieu des conversations d'ouvrières assises devant leurs métiers.

A onze heures, déjeuner. Marcelle rentra au vestiaire mettre son chapeau et passer ses gants. Surprise générale. Pourquoi ne pas sortir en cheveux comme tout le monde ? On voulut l'amener au restaurant de la rue Montmartre, où on ne la voyait plus depuis qu'elle préparait sa *dinette* chez elle ; mais n'ayant pas faim, elle sortit ne sachant trop où aller, dans ce Paris bruyant qui vous reprend à chaque porte. Elle se mit à errer dans les rues avoisinant la Bourse et jusque sur le boulevard. A midi, elle revint à l'atelier. L'après-midi se passa comme la matinée, comme devaient se passer les jours suivants, hélas ! Enfin, sept heures sonnèrent sa liberté ! Liberté plus triste que le travail, fin de jour dont les blancheurs baignent Paris, du côté de Courbevoie, d'une lumière de linceul. L'air fait frissonner la Seine, qui s'argente entre les quais noirs. Sept heures ! les ponts à traverser, le repas solitaire sur une chaise, en chambre meublée, avec des larmes sans fin avant de se mettre au lit.

Le dimanche suivant, Mademoiselle Anna, la manutentionnaire en chef, vint la voir, rue des Saints-Pères. On causa. La Parisienne fut attirée par le sourire résigné de la Provinciale, à qui, du reste, elle ne ressemblait en rien. Anna, maigre, grande, peu parleuse, avait un de ces visages d'une délicatesse atone qui révèlent je ne sais quelle passivité d'âme et de caractère. Sa chevelure blonde était si fine, qu'on ne la sentait pas entre les doigts. Un peu de myopie troublait son regard. Les joues et les tempes creuses, l'ovale presque étiré, la peau transparente, la poitrine sèche, c'était bien la maladive créature, étiolée dès l'enfance dans l'étouffement des rues ouvrières, où l'air manque aux poumons, où la vie fermentée donne au corps des jeunes filles ce rachitisme de poitrinaire qui, plus tard; grâce à la coquetterie et au parisianisme de la toilette, devient de la sveltesse élégante et de la maigreur fashionnable. Son sourire, un peu navré, trahissait une expérience instinctive plutôt que réelle. Sa conversation était toujours convenable ; on ne lui reprochait qu'un peu de fierté, sa position dans l'atelier lui défendent de fréquenter toutes ces filles, dont ses goûts, d'ailleurs, l'éloignaient.

L'amitié s'établit vite entre elle et Mme de Champvan. La manutentionnaire comprit la distance qui la séparait de Marcelle ; ce fut même cette distance qui attira l'ouvrière. Elle mit de la vanité à devenir l'amie de Mme de Champvan, dont elle devinait le douloureux passé, la vie mondaine, engloutie dans quelque catastrophe irréparable, une fortune perdue, une faute peut-être, à coup sûr un bouleversement d'existence terrible et immérité.

Tous les dimanches, donc, elle se rendit rue des Saints-Pères. Les deux femmes allaient travailler sous les marronniers du jardin des Tuileries. On parlait de l'atelier. Un monde, cette maison Chavassieux ! On y brodait des toilettes de bal, parements pour cols et revers, chiffres pour livrées, manteaux de cour, costumes de théâtre. Les royautés palpables y coudcyaient les majestés de carton. Les grandes couturières de Londres, de Paris, de Vienne, y envoyaient leurs étoffes. C'est de là que sortaient les robes de Croizette et de Sarah Bernhardt, notamment celle de *Frou-Frou*, en châlis blanc, brodé de perles, celle de Marguerite, en satin noir, ruisselante de jais, taillé à mille facettes. Dix-sept placiers dans Paris étaient nourris à la table du maître; des voyageurs étaient envoyés dans les principales villes d'Europe. La maison comprenait cinq spacieux étages, en comptant les magasins, les dépôts, la caisse et les salons de réception pour les clients.

— Chacun vous aime, à l'atelier, disait Anna à Marcelle. Il n'y a que Madame Blérouin. Oh! celle-là n'est pas votre amie, par exemple!

— Pourquoi donc? Que lui ai-je fait?

— Rien. Mais M. Chavassieux pourrait fort bien, un de ces jours, la renvoyer et vous mettre à sa place... Il me disait hier, en parlant de vous: « A-t-elle l'air intelligent, cette petite dame! C'est dommage de l'employer à la découpe. » — Son avancement dépend de vous, lui ai-je dit. — Et de son travail, aussi, m'a-t-il répondu.

— Quel homme est-ce, Monsieur Chavassieux? demanda Marcelle, inquiète et joyeuse.

— Oh! très grossier!... Une râpe!... Mais bon.... et connaissant vite ses gens. Un flair pour choisir ses employés!... Seulement, il faut qu'il crie.... Ça, voyez-vous, s'il ne criait pas, il deviendrait méchant... Il est brutal, emporté, voyou.... tout ce que vous voudrez, mais juste!... Et intelligent!... Il brode mieux qu'une ouvrière, sans en avoir l'air.... Et comme il dessine!... C'est lui qui invente les modèles... Avec ça, vous savez, honnête!... Qu'une ouvrière tombe malade... il lui envoie le médecin et paye les frais de la maladie.... C'est gentil, ça.... Si je vous disais qu'il n'a jamais courtisé une femme de l'atelier.... C'est vrai qu'il a une maîtresse en ville.....

Et Marcelle souriait à ce babillage, en songeant, non sans émotion, que son avenir était entre les mains de cet homme.

XX

Dès lors, les jours s'écoulèrent sans autre repos pour Marcelle que la veillée, le soir, avec Madame Arnaud. Elle ne connut d'autre Paris que celui qui va de l'église Saint-Germain-des-Prés à la grille de la Bourse, d'autre société que celle de ces ouvrières, comme elle courbées sur les arabesques d'or des velours noirs, découpés à jour. Elle vécut ainsi, obscure, déclassée, n'enviant rien, économisant l'omnibus, avec le même dégoût des autres, avec le même amour tenace au cœur. Pour tromper le temps, elle se fit, à l'atelier, une vie à part, où elle ensevelit ses regrets, s'imposant quelquefois l'obligation de ne pas voir l'heure jusqu'à tel feston de broderie, jusqu'à tel souvenir entièrement évoqué — des trucs d'enfants en classe — et lorsqu'elle levait les yeux, hélas! deux ou trois minutes s'étaient à peine écoulées, au milieu des interjections se croisant dans le murmure des voix : « Pour sûr ! — Quelle heure qu'il est ? — Mais non ! mais non ! Mais si ! mais si ! — Ah ! zut, alors ! »

Et les machines ronflaient et les dévidoirs grinçaient, et la petite Mariette chantait son air favori :

> Du printemps en fleur les premières brises
> Passent dans la plaine et sur les coteaux ;
> Nous verrons encor mûrir les cerises
> Pour les amoureux et pour les oiseaux.

Mme Blérouin et la Gasconne se racontaient des polissonneries. Marcelle tâchait de ne pas entendre. Cette Gasconne séparée de son mari, habitait la banlieue, où elle avait deux enfants en nourrice. Il fallait, du soir au matin, ouïr le récit folâtre de ses rencontres au chemin de fer de ceinture, avec d'irrésistibles employés, allongeant leur main sous ses jupes. Et les vieux ! des vieux très bien ! de bonnes têtes, amoureux comme des chevaliers, qui l'amenaient au restaurant à trente sous et qu'elle vous plantait là au dessert. Ce qu'on riait à l'atelier ! Qué noceuse, cette sacrée Gasconne ! Et les ordures de recommencer, vice éhonté, termes techniques, abjects dans ces bouches de femmes. Mademoiselle Anna était obligée d'intervenir :

— Taisez-vous donc. C'est dégoûtant !

Mais c'est devant le patron « le grand ours, » qu'il fallait voir l'atelier !

— Sacré N. D. D ! clamait-il, en entrant, sont-elles donc enrouées, ces machines ? ou s'amuse-t-on à pioncer ?

Il arrachait les étoffes des mains des ouvrières.

— Qui est-ce qui vous a donné cette saloperie ?

A une autre :

— Qu'est-ce que vous f.... là, le derrière sur votre chaise ?

L'interrogeait-on mal à propos :

— Allez donc voir un peu sur le boulevard si j'y suis.

Et toujours le même refrain :

— Suis-je le maître ici, oui ou non ? Si vous voulez commander, faut le dire !

Il effrayait Marcelle au début, mais elle s'y accoutuma. Il ne la brusquait pas, du reste. Il ne s'emporta qu'une fois contre elle. Voici pourquoi : De onze heures à midi, Madame de Champvan était de garde à la manutention pour répondre aux clients et appeler le patron par le téléphone. Un jour qu'elle rêvait, accoudée à la fenêtre de la cour, la porte s'ouvre : « le Grand Ours » paraît !

— Madame !... Qu'est-ce que vous f... là, N. D. D ! Il n'y a que votre découpe qui vous regarde !

Et aussitôt son éternelle phrase, en lui arrachant sa broderie :

— Qui vous a fichu cette saloperie dans les mains?

— C'est Monsieur Rousset.

— Il m'em… Rousset ! Est-il bête, ce Rousset !
En voilà un animal ! J'en ai plein le dos de cet
oiseau-là !

Marcelle avait bien envie de pleurer. Midi sonna ;
elle plia lentement son travail, tandis qu'il la surveillait du coin de l'œil, comprenant qu'il n'aurait
pas dû lui parler comme aux autres, à celle-là.
Aussi trouva-t-il dans le jour, mille prétextes pour
lui alléger sa tâche :

— Aidez-moi donc à rouler cette étoffe… Si vous
m'acheviez cette addition ?… Voyez un peu ce qu'il
reste de perles…

Un jour qu'il avait commis je ne sais quelle fa-
cétie niaise dont il ne voulait pas qu'on rît, la Gasconne, pour lui faire sa cour, grasseya une appro-
bation. Il se retourna froidement :

— Tu perds ton temps, ma mignonne. Suis pas
amoureux.

Nouveau rire. C'était Mariette, cette fois, une
délurée qui ne craignait personne.

— Mademoiselle !… cria le patron furieux, en
scandant les syllabes chromatiquement.

— Monsieur ! fit l'autre sur le même ton.

Cet aplomb abasourdit le Grand Ours. Il se campa
devant elle et, les bras croisés, contrefaisant sa
voix :

— « Monsieur ! » exclama-t-il « Monsieur ! » Dites
donc, Mademoiselle, vous êtes de Montrouge, n'est-ce

pas ? Eh bien, faut garder ces airs-là pour Montrouge, entendez-vous ? « Monsieur ! » Puisque vous y êtes, mettez-vous donc les mains sur les hanches et criez-moi : « Oh ! là, là ! »

Ce « Oh ! là, là ! » avec cette voix faubourienne, c'était à mourir de rire.

XXI

Marcelle passait la matinée du dimanche chez le docteur Bernard ; l'après-midi, elle accompagnait, au jardin des Tuileries, Madame Bernard qui raffolait de musique militaire. Une vraie corvée pour la maîtresse de Maurice, la musique affinant ses douleurs et l'énervant. Un peu étourdies au milieu de cette foule étouffante, les deux amies se promenaient quelquefois sur la terrasse, écoutant de loin l'harmonie que le vent fondait dans l'air : on n'entendait qu'une mêlée de notes montantes, graves, enflées, finissant par des roulades aiguës de clarinettes, comme une énorme vague, brisée en écume crépitante sur les rochers. Marcelle revenait de là plus lasse qu'après une longue course.

C'était la manie de Madame Bernard, les musiques militaires. Marcelle n'osait la contrarier, lui devant beaucoup, à cette femme, et plus encore à son mari. Car, enfin, ces trois francs cinquante centimes par jour, qu'il lui avait fait obtenir, c'était peu de chose, si vous voulez, mais cela permettait d'attendre et puis elle avait un avenir, dans cette maison Chavassieux. Les brodeuses gagnaient cinq francs, les mécaniciennes six et Mademoiselle Anna touchait bel et bien quatre mille francs d'appointements. Donc espérer et travailler. Oui, mais quel travail ! asphyxiant l'âme, tuant le corps. Elle en avait des révoltes, des heures de pleurs sans trêve, des désespoirs terribles, qui, un jour, la poussèrent dans un fiacre pour s'en aller à la gare et partir. La raison lui fit rebrousser chemin... Les lettres seules de Maurice lui apportaient du courage. Vous jugez bien qu'il n'avait négligé aucune démarche pour obtenir des cartes de circulation, et il pensait avant un mois voir sa maîtresse à Paris.

La jeune femme vécut donc automatiquement, dans l'hébétude de sa tâche quotidienne qu'adoucissait peu à peu l'espoir du bonheur prochain. Tous les matins, à la même heure, elle rencontrait les mêmes messieurs grignotant leur pain, les mêmes ouvrières à la porte des crêmeries, les voitures de facteurs, l'omnibus secouant le pont des Saints-Pères, la marchande de journaux ouvrant son kiosque au coin du Théâtre-Français, et des passants, des passants ! Fermentation grouillante qui lui donnait des impatiences de liberté et la ramenait à son éternel rêve ; vivre dans un village, avec des canards graves, à queue frétillante, aux yeux ronds ; entendre, le matin, en ouvrant l'auvent de sa fenêtre au soleil, le gloussement des poules dans le verger, plein de choux, où piétinent des pintades enrouées qui crient, qui crient...

Mais c'était le soir, surtout, qu'elle était triste, triste à sangloter, le soir, quand les becs de gaz s'allument, quand les bateaux, haletant sous les ponts dans le crépuscule froid, traînent leur longue fumée comme des crêpes de deuil. A cette heure-là, quelques étoiles brillent. Paris se recueille, mort pour le jour, pas encore éveillé pour la nuit.

Ce qui lui répugnait le plus, dans cette vie d'enchaînée, c'était les ignobles conversations entendues à l'atelier, quoique le vice d'autrui raffermît son honnêteté d'amante. La boue peut-elle inspirer d'autre désir que celui de n'y pas tomber?

Un dimanche qu'elle descendait, vers quatre heures du soir, le boulevard Saint-Germain, pour aller au bureau de poste, une soif de paix et d'attendrissement la poussa vers l'église Saint-Thomas-d'Aquin. Elle s'assit près d'un bénitier, devant une chapelle où un vieux prêtre grassouillet, les joues tombantes, enseignait le catéchisme à une dizaine de fillettes, qui chantèrent d'abord une prière d'invocation :

> Tendre Marie,
> O mon bonheur,
> Toujours chérie
> Tu règnes dans mon cœur.

Rassérénée à cette fraîcheur d'encens, Marcelle se sentit remuée, saisie, redevenue enfant, en entendant les soupirs de l'harmonium, caché derrière l'autel et, quand le silence fut rétabli, les voix claires et les toux des petites filles.

Le prêtre les interrogeait pour le « bon point. » Cela se faisait donc à Paris comme là-bas, quand Marcelle avait dix ans et qu'on tâchait de la déconcerter à force de questions ?

— Ainsi, vous ne savez pas le jour du jugement dernier ? demandait le prêtre.

— Dieu seul le sait ! répondait l'enfant d'une voix distraite et flûtée.

— Mais, cependant, les anges.... objectait le curé, le regard errant à droite et à gauche, une main dans sa soutane... l'ange Gabriel, par exemple, pourrait bien le savoir, lui !

— Non, monsieur !

— Non ? Vous me surprenez... Il me semble, pourtant, que l'ange Gabriel....

Le prêtre avait remarqué cette femme qui l'écoutait en pleurant. Il parla des fautes qui pèseraient dans la balance de Jésus « notre divin maître, » détournant sa face des pécheurs, et à ces frêles créatures à peine écloses à la vie, il dépeignit la mort, l'affreuse mort qui les emporterait « comme un voleur. » La voix molle et basse de l'ecclésiastique bourdonnait sous la nef répercutante et paisible, où agonisaient, avec le jour, les bruits de Paris, si bien que la ville entière, semblait à Marcelle éteinte, sanctifiée dans une douceur de solitude et de religion. Il grondait, pourtant, toujours, ce Paris infernal, et chaque fois que la porte du tambour s'ouvrait, son hurlement emplissait l'église.

Ah ! si Maurice avait pu la voir, sa maîtresse, agenouillée et priant avec cette foi naïve que les femmes, du reste, accommodent toujours avec leurs passions.

Cette vie enfermée, cet horizon de foule incessante donnèrent bientôt à Marcelle la maladie des employés et des ouvriers : soif d'herbe, fièvre de verdure, convoitises d'eau courante, harcelant les martyrs de la semaine, derrière les comptoirs des magasins et les machines d'atelier. Il y avait là-bas autour de la ville, elle y songeait souvent, des sites où les plantes et les arbres poussaient librement, à l'abri de l'émondage officiel, des cachettes d'ombre, où l'on s'asseoit sur de vraies mousses collées aux pierres, où les végétations et les bois ont des grandeurs de forêts vierges !... Pauvre créature du midi, si friande d'arômes agrestes, de nature chaude, de bleues perspectives, elle se mourait d'étouffement dans cette ville ennuyée et banale, large et étroite, où la civilisation a gagné jusqu'aux oiseaux, qui viennent délicatement manger dans vos mains.

Cependant, Anna avait beau, pour la distraire,

lui proposer des promenades à Clamart à Meudon, à Vincennes, Marcelle refusait.

— Non, merci. J'en serais malade. Les arbres me feraient pleurer.

Anna ne comprenait pas.

Eh oui! Il fallait attendre Maurice pour reprendre sa vie d'enthousiasme. C'est avec lui qu'elle voulait froisser les premières branches, respirer l'odeur des sèves parmi les insectes bourdonnant dans les subtiles tiédeurs d'avril ; c'est avec lui qu'elle voulait s'asseoir au banc des guinguettes, se mêler aux migrations des banlieues, à ce peuple en liberté, pour qui la nature a l'attrait d'une imagerie d'Épinal ou d'un décor d'Ambigu. Alors, oui, elle serait heureuse. Mais, seule, à regretter les forêts et les brises de là-bas? à quoi bon! Mieux valait rester à Paris.

Elle ne quittait sa chambre que le dimanche. Ce jour-là, elle passait la matinée à ravauder, à écrire à Maurice. A midi, elle déjeunait. Ils étaient bientôt faits, ses repas, quand elle n'allumait pas le fourneau dans la cheminée: du bœuf, acheté chez le marchand de vin, un haricot de mouton, une salade... et il en restait pour le soir!... Elle mangeait habituellement, debout contre la fenêtre, devant les toits nus et clairs, étalés sous le ciel, toits d'ardoise hérissés de cheminées, où se promenaient, tous les quinze jours, des ouvriers zingueurs, géants en plein azur. L'après-midi, Anna, Madame Arnaud ou Madame Bernard la venaient voir. On allait au Jardin des Plantes, dans les squares. Le soir, avant de rentrer chez elle, elle s'asseyait un moment sur un banc du boulevard Saint-Germain. Peu de voitures à cette heure-là. Des gamins jouent sur le trottoir. Toutes les dix minutes, le tramway passe, avec son éternel écriteau : *Pont de l'Alma. Gare de Lyon, Pont de l'Alma, Bastille*, et se perd immobile et raide, dans l'estompement brumeux qui fond, au loin, le quartier de l'École de Médecine. Une telle tristesse montait alors au cœur de l'exilée, que les larmes lui coulaient des yeux. Plus elle s'était distraite dans la journée, plus sa nomertume était intense. Elle considérait sa situation : les meubles demandés au mari qui n'arrivaient pas; les trente francs de chambre par mois, l'argent qui filait, l'esclavage abrutissant de tous les jours, Maurice qui n'obtiendrait peut-être pas les cartes de circulation. Combien de temps encore resteraient-ils sans se voir ? Quelle existence jusque-là ! Et, ses souvenirs exulcérant sa douleur, elle souffrait au point de s'étonner qu'il lui restât assez de forces pour souffrir ainsi tous les jours.

XXII

Vendredi soir, 9 heures.

« Maurice, mon Maurice, ma seule joie, ma seule grandeur, je t'aime comme jamais je ne t'ai aimé. Je n'ai que toi au monde ; mais avec toi, je suis plus riche qu'une duchesse. Je n'échangerais pas mon sort contre le plus envié, pourvu que tu sois là pour m'estimer, pour me soutenir, pour me protéger et vivre avec moi de la même vie, des mêmes sensations d'amante et de sœur ! Je l'achète trop cher, cet amour-là, pour n'y pas tenir plus qu'à ma vie. Aussi plus tu es loin, plus je te garde une inviolable honnêteté. Je ne veux pas avoir à me reprocher la moindre inconséquence, la plus petite légèreté. Être regardé par un autre me semble une insulte. Je sens alors que j'ai mieux le droit de m'agenouiller devant toi, de te prendre dans mes bras...

« Oh ! que le passé m'étreint ! Comme tout mon cœur retourne là-bas ! Je revois si distinctement la porte du jardin, ma chambrette aux rideaux blancs et mon peintre, mon beau peintre, à moi, toute la nuit... Jamais nous n'oublierons la douceur de ces entrevues. Plus de salons, pas de luxe, point de petits soupers, rien de convenu, de faux, d'appris par cœur... De la franchise, ma timidité et un peu la tienne aussi... Et puis, nous nous sommes connus lentement; à l'inverse des autres affections, la nôtre s'est accrue avec le temps...

« Pourquoi donc craindre de me perdre ? Pourquoi Paris te fait-il peur ? Ne me connais-tu pas ? Ma fierté d'âme, mes jugements à part, mes dédains d'autrui, tout cela, vois-tu, est immuable... Enfant même, j'avais ce caractère-là, cette fermeté, ce respect de moi, cette sorte d'isolement à travers la foule. Toujours j'ai pressenti la dignité sérieuse du vrai amour, le côté indifférent, désintéressé de la vie et je me suis toujours tenue à l'écart de ce qui pouvait me souiller. Ils n'ont jamais changé, ces rêves. Je suis restée ce qu'ils m'avaient faite. Quand je t'ai rencontré, l'idéal de ma vie était le même : un amour sans fin, un amour qui me fit esclave, mais qui fût aussi une vénération, une admiration de tous les jours pour l'homme choisi... »

Samedi matin.

« Hier, j'ai cru ne pouvoir plus supporter mes ennuis. Les machines de l'atelier... les conversations de Madame Blérouin... Je me suis couchée en rentrant ; et ce que j'ai souffert, seule dans ma chambre !... J'en ai crié de douleur... Quand nous verrons-nous, dis ? Quand aurai-je un avenir sortable ? Quand serai-je sûre du lendemain ? Hélas ! quand cela finira-t-il ?...

. . . .

« Ah ! ton Paris !... Que je le hais !... Des rues, du vacarme, et des passants, l'air cynique, contents, béats... des femmes affriolantes qui trottinent en montrant leurs mollets... Cette foule m'obsède... Je reviens toujours à mon rêve ; un petit coin quelque part, là-bas, à Noirçon !... Qui m'eût dit que je regretterais Noirçon, et que je détesterais tant Paris !... C'est qu'à Paris tout nargue la misère .. calèches éclaboussantes de toilettes et de boue, exhibitions de bijouteries, étiquettes de restaurants, sérinettes des prospectus, réclames de nouveauté... Qu'est-ce que je dis, la misère ? Elle n'existe seulement pas, la misère ! Où est-elle ? Où la voit-on ? Nulle part... Les malheureux ? Il n'y en a point : il y a des femmes peintes, du bruit, des rires, des chevaux, l'or, le commerce, les cocottes... Et, voilà !... »

Dimanche soir.

« Merci de la bonne lettre, Maurice. Qu'elle m'a fait

du bien ! Quelle joie d'être si profondément aimée ! Comme cette pensée me fait vivre, me suffit, m'absorbe ; combien je m'enferme jalousement dans mes souvenirs, dans mes projets ! Je *nous* vois heureux, ensemble, ignorant les autres... et je vais à ce maudit atelier d'un pas plus *allegretto*, sans songer qu'il existe de malhonnêtes gens qui réussissent, des imbéciles qui gagnent de l'argent... Toi, un morceau de ciel, nos ivresses, nos causeries, c'est toute mon ambition.

« Ah ! tu peux vivre, tu peux passer par toutes les phases de la gloire et des bonheurs humains, jamais tu ne seras plus aimé que tu ne l'as été, que tu ne l'es encore de ta pauvre maîtresse, jamais deux bras ne se fermeront sur toi avec plus d'amour, d'estime, d'emportement, que les bras de ta Marcelle. Jamais surtout une femme ne te comprendra comme je t'ai compris. Je te le dis bien haut, je les défie toutes d'être ce que j'ai été pour toi, ce que je veux être toujours. Je ne t'ai eu jusqu'ici que par échappées, sans cesse sur le qui-vive d'une séparation ; mais quand nous ne nous quitterons plus, oh ! alors, alors, tu verras comme je saurai t'aimer ! »

Lundi soir.

« Ce matin, en me levant, je me suis mise à la fenêtre... Le temps était sombre... Au loin, la brume, d'où émergent les toits, les aiguilles des clochers, crêpe gris sur les toitures, vaste filet à mailles fines jeté sur la ville. En bas, la rue des Saints-Pères avec son allure matinale et pressée, où défile la ruche échelonnée des laborieux et des écoliers...

« Je m'ennuie, je souffre, je pleure. Que fais-tu ? M'aimes-tu ? Penses-tu à moi ? Oh! depuis que tu m'as quittée !... Ne vois-tu pas les jours, les mois qui s'envolent et emportent le meilleur de notre jeunesse ?... Oh! viens vite, Maurice! Viens !... Je suis trop malheureuse sans toi... J'ai peur..., peur de tes vingt ans... peur de l'absence... C'est que je comprends si bien que tu es le seul homme que je puisse aimer et estimer, comme j'entends l'estime, comme j'entends l'amour ! Voilà pourquoi j'ai peur... car je n'ai rien de ce qu'il faut, moi, pour me faire aimer de toi comme tu es aimé de ta Marcelle... Je voudrais être riche, immensément riche, et belle, belle de toutes les façons, pour t'attacher à moi davantage. »

Mardi soir.

« Que je m'ennuie ! que je m'ennuie !... Pas prononcé un mot, hier, de tout le jour... J'ai pleuré, dans mon lit, jusqu'à onze heures... Impossible de dormir... Je me suis accoudée à la fenêtre... Le temps était doux... Et toi qui me dis : « Lis, le soir, occupe-toi. » Comme tu te doutes peu de ce que c'est que l'isolement!... Si je n'en deviens pas folle, va!... Et personne à qui confier ce que je souffre!...

« Et pourtant, pour rien au monde, je ne changerais ma vie... cette vie qui est à toi. Tu as raison, oui, il faut avoir l'âme fièrement trempée pour s'aimer ainsi, pour vivre de lettres, au point qu'une ligne, un mot, suffit pour dissiper vos douleurs... Est-ce beau, un amour pareil!... j'en suis éprise de cet amour-là, comme d'un rêve, comme d'une religion, comme d'une chose qui est la raison même de ma conscience, de mon bonheur... Plus je vois de mal autour de moi, de fausse grandeur, de fausse honnêteté, plus je me réfugie dans cet amour fortifiant et immaculé, dans cet amour qui nous ennoblit, qui nous élève, qui nous rend *nous*... »

XXIII

Il fait nuit. On arrive. L'étincellement embrumé de Paris semble, au loin, une avalanche d'étoiles écroulées dans les ténèbres. Les convois de marchandises en station rayent de barres d'encre les terrains de la gare, éclairés, çà et là, de becs de gaz. On s'arrête ; on roule ; on s'arrête encore ; la manœuvre des locomotives projette sur les voies des triangles de lumière en marche. Le va-et-vient continu des wagons craque dans l'ombre.... Coups de sifflet, lointains, stridents, suraigus, en détresse, ou vibrant longuement par trois fois, suivis du hoquet régulier de la vapeur. Des trains s'ébranlent, d'autres se calent sur le rail, tirés dans l'effort même de l'arrêt ; quelques-uns, à toute vitesse, passent devant les portières, ouragan de vitres et de bois en éclat. Des lanternes s'agitent dans les ténèbres, balanciers aux mains des employés. Dans l'obscurité, des lueurs d'acier, des points lumineux, verts, rouges, blancs ; là-bas, le martellement entêté des plaques tournantes. Dans le silence d'un arrêt, coupé de soupirs de dormeurs, le pas des employés grince sur le sable. Plus large que d'habitude, hors d'horizon, pour ainsi dire, le ciel ouvre son azur béant à ces bruits de rêve, à ce remuement de fantômes. Un vent qui a l'odeur de la houille entre dans les compartiments. On a baissé les glaces. On arrive....

Maurice l'avait enfin obtenue, sa fameuse carte de circulation et il était parti ! Délire ! Etre emporté à travers la France, sur la ligne de Paris ! Terrible voyage... Heures passées à regarder la fumée blanche léchant la terre ; nuits pleines d'étoiles, stations devancées, sommeils impossibles... Mais quelle joie, maintenant, de voir Paris, la grande ville apparue, accourant avec ses énervements et ses jouissances à outrance, que résume pour Maurice les deux bras de sa maîtresse, assise sans doute à la gare, sur les banquettes, derrière la grille de l'arrivée.

Oui, elle y était, et depuis longtemps. Et la jolie toilette pour le recevoir ! A tous les coups de sifflet, à chaque roulement de train, éperdue, elle frissonnait. Et quelle émotion surhumaine lorsqu'il parut, lorsqu'elle l'étreignit !... « Maurice ! » Depuis quand ne l'avait-elle pas dit, ce nom, à haute voix, les mains unies ! Elle tint le jeune homme contre elle, balbutiante, affolée de le voir ; et sans parler, précipitamment, elle l'entraîna. — « Un fiacre ! Rue des Saints-Pères ! »

Les voilà dans le coupé, enlacés, ravis, pleurants.
— Maurice !
— Marcelle !
— Allons-nous être heureux !
— Combien de jours ?
— Une semaine.
— Oh ! quel bonheur !

Paroles, caresses, rires, extases, extravagance ! Ils se reprenaient, ils se tâtaient, les mains frissonnantes, rageusement embrassés, heurtés front contre front dans les cahotements de la voiture... Marcelle, renversée contre Maurice, avait des ramassements, des pelotonnements ahuris ; elle l'écoutait parler, en fermant ses grandes paupières aux longs cils, et le corps frissonnant, comme une personne qui a peur.

Le fiacre longea le quai Saint-Bernard, désert, passa devant la grille du Jardin des Plantes, qui rayait d'un treillage noir les arbres demi-clairs dont le balancement berçait l'immobile sommeil des fauves. Derrière la grille, les allées de sable se dessinaient. La Seine se lustrait de lueurs d'agates. Au loin falotaient des blancheurs de maisons, surplombant le vague alignement des quais ; on distinguait même du côté de la cité, dans la naissante vapeur de la lune, les deux barres de Notre-Dame. Paris, fourmillant de becs de gaz, ouvrait ses yeux de lumière pour voir passer les deux amants.

En arrivant, ils soupèrent. La table était dressée ; le couvert brillait sur une nappe proprette... Et tous les deux de parler, de parler... Détails de leur vie, pensées intimes, tortures, soif d'amour, ce qu'ils s'étaient écrit mille fois.... Marcelle s'agenouilla devant lui. L'enveloppement de ses maternelles caresses trahit toutes les adorations amassées par ces trois mois de renoncements et de luttes. Elle lui mordait les lèvres, pleurait, riait, se mirait dans ces yeux qui la buvaient de convoitise, avec l'ardeur indomptée de désirs inassouvis. Elle le servit à table, mangea à côté de lui. Au dessert, après avoir allumé une cigarette, il assit sur ses genoux sa maîtresse, extasiée de le voir, de l'entendre, de humer l'odeur du tabac qui lui rappelait le passé. La prenant même entre ses doigts, la mignonne cigarette, elle en aspira, en riant, quelques bouffées. Ces enfantillages, ces félinités inspiraient à Maurice la même admiration recueillie et les suspendaient aux lèvres l'un de l'autre durant de longues minutes.

— Que je t'aime ! s'écriait-elle, harassée et frémissante.

Elle lui fit visiter sa chambre.

— La table où je t'écris ! Ton portrait !... Les reconnais tu, ces tableaux ? Vois tes lettres !.. Sont-elles en ordre ?.. Ce que j'ai frotté, lavé, préparé, pour te recevoir !... J'ai tout bouleversé... On ne dirait plus une chambre meublée, hein ?.....

Posant ensuite la lampe sur la table de nuit, elle s'agenouilla de nouveau devant Maurice. Celui-là n'a jamais été aimé qui n'a pas vu sa maîtresse à ses genoux. La vraie tendresse est esclave. L'amour n'est qu'une soumission.

Marcelle et Maurice avaient l'air de se reconnaître. Une sensation de recommencement doublait leur félicité, et, rien qu'à se regarder, ils se sentaient déjà mourir de cette mort d'amour, divine et lente, où le corps et les âmes s'étreignent, où le ciel descend fibre à fibre dans l'être entier.

Grâce à l'entremise de la manutentionnaire Anna, toute puissante chez Chavassieux, Marcelle obtint un congé d'une semaine. Les premiers jours ils ne sortirent pas : leur isolement, la vue des cours nues, des toitures sous le ciel, des fumées montantes, suffirent aux deux amants et ajoutèrent même à leur tête-à-tête une pointe de mélancolie délectable. Marcelle se levait la première, lui servait son chocolat, arrangeait la chambre. C'était donc vrai, pensait-il à travers sa somnolence, il était donc à Paris ! Au loin, en effet, montait la grande rumeur, faite de bruits de roue, de cris, de piétinements ; près de lui babillait sa maîtresse.

— Vilain paresseux ! Peut-on rester si longtemps au lit ! Allons, levez-vous ! Hop !

— Dis donc ! Veux-tu me laisser tranquille ?...

Enveloppé dans les couvertures, il la poursuivait

à coups de coussin. Leurs gamines folâtreries les pâmaient de rire.

Puis, ils commençaient leur toilette. Marcelle, décolletée, serviette à la main, se lavait en chantant. C'est après, surtout, qu'elle était belle ! Cette fraîcheur d'eau séchée, rajeunissant son teint, donnait à sa peau rose un velouté de pêche intacte, lustrait davantage le noir de ses sourcils, bleutait ses tempes de minces filets de veines ; ses oreilles sans boucles étaient rouges, et leur lobe percé d'un petit trou. Ses cheveux, coupés à la chien sur le front, laissaient tomber sur chaque épaule une longue tresse, qu'elle nouait en riant sous le menton, comme des barbes de chapeaux. Son rire, en montrant ses mignonnes dents, creusait une fossette sur ses joues.

Semaine d'intimité, à laquelle l'idée du départ ne mêla pas une fois son fiel ! Du soir au matin, elle l'entourait de caresses, d'attentions délicates : tyrannie de mignardises, inassouvissement d'amoureuses diableries. Ils ne restèrent pas toujours chez eux. Ah ! non ! ils sortirent. La liberté de Paris, indifférence des foules, la largeur des perspectives, leur convenaient. Ce peuple amassé, ce fourmillement d'artères urbaines, enfièvrent l'âme amoureuse plus que la vue platonique des sommets alpestres. Ils ne cherchaient pas les boulevards, la modicité de leurs ressources leur interdisant les restaurants à la mode. C'est à vingt-cinq sous, rue Montmartre, qu'ils déjeunaient, aussi gaiement, avec autant d'appétit que chez Voisin ou Durand. Et comme ils riaient, penchés l'un vers l'autre ! Le restaurant était parfois si encombré, qu'on n'entendait qu'un brouhaha, dominé, de temps à autre, par la voix rauque d'un bohême à barbe inculte.

— Des œuvres, mes enfants ? Ah ! ouiche ! Des livres, tout au plus ! Et quels livres !.. Du talent à petite dose, de la Revalescière littéraire pour les estomacs détraqués, du décousu en trois cents pages, de l'emballement in-12 ! De l'art, ça ? Allons donc ! Des phrases, pas d'idées ; on n'écrit plus, on lâche ; on n'observe plus, on fouille. Fini, mes enfants ! Apollon paye son tailleur ; les Muses sont reçues dans le monde ; les rapins ont des chemises propres ; les romanciers se font des rentes.... et finalement, qu'est-ce que nous voulons tous ? Épouser une demoiselle chlorotique, élevée au sirop de gomme et qui nous apporte un demi-million dans son lit, le soir de ses noces... Voilà.

En sortant, ils erraient, prenaient le bateau, se reposaient dans les squares, écoutaient la musique au Palais-Royal ou au Luxembourg. Une chose bien étrange, cet artiste et cette mondaine pauvre, vivant, à deux pas du boulevard, de l'existence badaude des militaires, des bonnes d'enfants, des pions, des répétiteurs, de tous les humbles, de tous les résignés de

Paris : plaisirs économiques, impériales de tramways, mazagrans à six sous, concert de feu Besselièvre entendu devant les grilles, vitrines admirées, musées sus par cœur, bateaux-mouche, parties de canotage à Saint-Cloud, à Saint-Mandé, à Meudon, à Clamart......

XXIV

C'est là surtout qu'ils se trouvaient bien ! On était au mois de mai. Le ciel tamisait une lumière fraîche. C'était le temps des ondées, des aubes vaporeuses, des petites araignées dorées, volantes dans les feuilles ; le temps des sauterelles vertes, qui plient l'herbe frêle sous le poids de leur corps. Oh ! qu'ils vinrent souvent causer près de la Seine, lentement coulante, nappe d'argent zébrée de rides en demi-cercles ! Quel plaisir de se promener dans l'herbe des rives, parmi les racines tordues à fleur de terre, à travers les hallebardes des roseaux. Autour d'eux passaient des fils de la vierge et des libellules ; et l'on sentait sourdre l'ardeur et la sève des prochaines efflorescences. Le rire des amants faisait envoler les oiseaux, se perchant plus loin pour les guetter au passage, amoureux dérangés par d'autres amoureux. Les horizons se trempaient de tièdes brumes. Les feuilles des peupliers cliquetaient, frémissements d'ailes de mille papillons verts. Marcelle et Maurice s'arrêtaient dans les taillis. Ils avaient des émerveillements en face l'un de l'autre.

— Dis, dis ! Marcelle... N'est-ce pas un rêve !
— Quoi ?
— Mais de te voir là, devant moi, bien à moi. Je croyais que ce jour-là ne viendrait jamais !... Et toi ?
— Oh ! moi !... je ne vivais pas..... Figure-toi une somnambule qui comprend qu'elle dort et qui attend le moment du réveil... Tu me semblais loin, si loin, plus loin encore que Noirçon. Et quelle rage de te voir !... Si tu n'étais pas venu, je serais morte, je crois.

— Et moi donc ! Même en chemin de fer, j'avais peur... Tant de félicité me paraissait impossible.
— Et dire qu'il va falloir encore nous séparer !
— Ah ! ce départ ! Je t'en prie, n'y songeons pas. Aimons-nous bien... Faisons provision de bonheur...
— Oui... c'est cela... en attendant de nous écrire... Si tu savais, tes lettres, que de joie elles m'apportent.... Combien de fois les ai-je relues !...

— Moi, dès qu'elles arrivent...
— Tu t'enfermes dans ta chambre ?
— Oui...
— Pour les lire... Comme moi... J'étais plus contente, après...

Ils avaient parfois de singulières conversations.
— Écoute ce murmure d'arbres, disait Maurice.

Quand on pense que ce concert des forêts, comme celui de la mer, ne se tait jamais, ni le jour ni la nuit... A minuit, pourtant, nous dormons tous, hein? Personne pour l'entendre... A quoi sert-il alors?...

Il devenait distrait, elle le réveillait :

— A quoi songes-tu ?

— Je songe que j'ai parfois des moments où je perds la notion des choses, la conscience de mon moi, parole d'honneur ! C'est du manque, du rêve, du somnambulisme lucide... Je crois voir la nature pour la première fois. Je suis épouvanté d'être pris au piège de l'existence... Je me demande, enfin, si l'univers est bien réel, si tout cela ne va pas disparaître, s'écrouler, s'anéantir !...

— Cela m'est arrivé souvent, disait Marcelle.

Et les voilà parlant de la mort, de la vie future, de l'âme, de l'immensité des choses.

— Sais-tu, Maurice que nous avons de drôles d'idées ?

— Mais non... Pourquoi ça ? Aimerais-tu mieux parler des accidents de chemins de fer, de la prospérité du commerce; ou dire que les maîtresses sont des femmes dangereuses, que le mariage est le comble du bonheur et qu'une femme honnête est celle qui n'a pas d'amant...

Dans les bois de Montmorency, à Asnières, à Vincennes, à Saint-Mandé, ils s'étalèrent sur les pelouses, écoutant l'endormante harmonie des branches, ayant le bourdonnement des mouches aux oreilles et le jet des sauterelles aux genoux. Maurice prenait des croquis : peupliers écorcés, rochers moussus, arbres gigantesques, emprisonnés dans des gaînes de lierre. Marcelle s'allongeait, la robe moulée sur le corps, dans l'herbe haute qui hérissait une auréole verte autour de sa tête. A midi, criblée de soleil, la forêt confondait ses perspectives ; les rayons s'irradiaient sur les feuilles. Des percées de jour, des flambées de lumière, des dégradations de teintes, des frondaisons pendantes, remuaient et papillotaient, au premier plan, éblouissant la vue, en relief de décor, sous des haleines pâmées qui poussaient dans le ciel de petits nuages voyageurs paraissant frôler les cîmes.

A chaque instant, les raies du soleil obligeaient Marcelle à changer de place. Sa robe noire se moirait de rayons, illuminant peu à peu son visage et s'irrisant dans ses yeux. Fiévreuses d'abord, leurs conversations s'amollissaient, se mignardisaient ; leurs pensées éparses arrêtaient sur leurs lèvres des incohérences balbutiées dont l'étreinte des mains complétaient le sens : souhaits d'enfant gâté, bégayements d'amour, songeries raffinées, qu'inspiraient les émanations des taillis et les subtilités de l'air...

— Moi, mon rêve..... disait-elle, renversée sur sa poitrine... ce serait une villa avec des bassins et des jets d'eau... on se baignerait à midi, en été, quand la sève éclate des arbres et que le soleil vous brûle... Un parc, aussi, un grand parc... des statues plein les allées..... et des nappes de gazons pour nous rouler dessus.....

— Et l'atelier? ajoutait Maurice..... N'oublions pas l'atelier... au premier étage.

— Oui... je te regarderais travailler...

— Travailler à côté de toi ! Il faudra voir ça.

— Je t'y forcerais bien.

— Tu crois ?

— J'en suis sûre.

— Comment ?

— Je ne sais pas mais j'en suis sûre... Comprends donc, Maurice... Il faut travailler sérieusement... si tu veux avoir un nom quelque jour, à Paris comme à Noirçon...

Ainsi couchés, le corps reposé dans la certitude de leurs voluptés prochaines, ils regardaient le ciel, effleurés d'haleines, et attendaient pour gagner le bateau ou monter en tramway que le soleil, pâle de fatigue, descendît se reposer sur l'horizon. Heure d'assoupissement, de molle lumière, d'atomes tamisées, où l'on entend aboyer les chiens sous les hêtraies, les rossignols gonfler leurs trilles, les feuillées, lasses des balancements du jour, s'immobiliser peu à peu. Une poudre blanche fondait alors le soleil et jusqu'au couchant empoussiérait les campagnes.

Ils continuaient, en rentrant à Paris, leurs confidences et leurs réflexions, occupés sur le pont du bateau à regarder l'eau de la Seine, verte près des bords et si transparente au milieu du fleuve, que le panache de fumée du bateau en marche s'y réflétait en entier.

— Une chose que je me suis souvent demandée, disait Maurice : Si j'étais un tel, au lieu d'être moi... Oui, pourquoi suis-je Maurice et pas un autre ?... Si j'étais Dieu, par exemple ?... Il l'est bien, lui !

Ces drôleries impatientaient Marcelle; fronçant les sourcils, appuyant sa main sur la sienne, elle l'interrompait :

— M'aimes-tu ?

— Si je t'aime ! s'écriait-il avec toute la chaleur de son âme !...

Marcelle adorait rester chez elle, sur le canapé, l'affreux canapé de velours rouge des chambres meublées. Tantôt étendue, les pieds plus haut que la tête; d'autrefois les jambes nues croisées à la turque, ou bien accroupie devant le rebord, renversant la tête et les bras en arrière, contre le dossier; ou bien encore assise, les jambes allongées devant elle, la pointe seule des bottines dépassant la robe.

Ils faisaient des projets.

— Courage ! quelques mois encore à vivre seule...

— Vivre, répétait-elle, tu appelles cela vivre... Travailler... Être rudoyée du matin au soir... Manger seule... Pleurer seule... Si cela doit durer, je te l'ai dit déjà, j'y renonce, je retourne... Tu n'as jamais vécu, toi, tout seul avec du silence plein les oreilles... Et puis, cet atelier, ces filles... Et c'est ma vie de tous les jours, cela !...

Il l'étreignait alors avec admiration:

— Ah ! tu es une vraie femme, va !... Grande, magnanime, stoïque !... Suis-je petit, moi, devant toi !... Mais je t'aime tant !... Un jour, bientôt, peut-être... Tu les béniras, ces souffrances... Ne sont-elles pas le baptême où notre amour puise sa force et son droit ?

— Tu as raison ! s'écriait-elle... Tu es beau... Embrasse-moi.

Ils se remémoraient leur passé :

— Te souviens-tu ?... les Chênes-verts... Quelle chaleur quand j'arrivais !...

— Si je m'en souviens !... Et les cafards qu'on entendait grouiller dans les coins !... Je crois toujours en avoir plein les jambes... Et les Sapinettes ?... dans le salon... Sonnaient-elles vite les heures !... Te rappelles-tu ? — Attends donc... et le soir de mon départ... nos adieux... la pluie qui tombait... Ce que j'ai pleuré, ce soir-là !...

— Et moi donc !

— Oh ! que tout cela est loin !

— Oui c'est bien loin et c'est bien près, aussi.

Leur béatitude leur faisait oublier leur séparation.

Elle arriva pourtant, au milieu de quels sanglots, de quelles douleurs !...

— Maurice ! Tu vas partir !... Ces dix jours... déjà finis... Quand reviendras-tu ?

— Dans un mois... au plus tard dans deux... Ça passe vite un mois !...

— Oui, mais tu es si loin !... M'aimeras-tu bien, au moins ? Entrer de nouveau à l'atelier ! Vivre seule... Souffrir seule... Oh ! quand j'y songe... j'ai peur... j'en tremble déjà... je voudrais mourir...

Il l'encourageait, aussi navré qu'elle, pleurant comme s'il ne la devait plus revoir. C'est qu'en pensée déjà, ils recommençaient leur douloureuse existence !

— C'est inutile, Maurice,... si tu ne viens pas, je retourne... Cette vie-là me tue... Je ne puis plus la supporter. Je suis à bout.

— Voyons, répondait-il, ne te décourage pas. Nous arriverons. Je t'aiderai, plus tard... Je t'enverrai de l'argent. Sachons attendre. Aimons-nous toujours comme nous nous aimons, nous forcerons bien le bonheur à venir.

Elle éclata en sanglots.

Maurice, les pleurs aux yeux, s'agenouilla devant elle.

— Je t'en supplie... Ne pleure pas... Pourquoi pleures-tu ?... Au lieu de parler, de nous faire une raison... Notre réunion, n'est-ce pas ? Eh bien, mais elle est certaine... quelques mois encore. Pas davantage... Voyons, ne pleure plus !...

— Laisse-moi, cela me fait du bien.

Et, l'enlaçant, elle le regardait à travers ses larmes, avec une tendresse infinie, murmurant :

— Jamais je ne pourrai me passer de toi.

Maurice se sentit pris d'une immense pitié. Pauvre femme, pauvre Marcelle, elle allait encore être seule !

La courte durée de leur rapprochement leur démontra cette vérité profonde qu'il n'y a de vrai, de réel, ici-bas, que le passé, qui n'existe plus, et l'avenir, qui n'est pas encore. Ah! que de larmes, que de serments dans le fiacre, le jour du départ, à trois heures de l'après-midi, en repassant devant le Jardin des Plantes, par un de ces vents printaniers de Paris, qui refroidissent le soleil, qui ramènent l'hiver, qui tordent les arbres des quais, poussent les bateaux sur la Seine, nuagent les avenues de poussière et font voler les ardoises sur le pavé.

A la gare, une étreinte, des sanglots, deux mains tendues, et Marcelle revint seule par le tramway portant l'écriteau lu si souvent : *Gare de Lyon — Pont de l'Alma.*

XXV

— N. de D ! Est-ce que ça ne vas pas finir ? Qui est-ce qui m'a fiché des ouvrières pareilles ? Chantez, braillez, je m'en f... ! Mais tournailler ainsi du matin au soir !... Rien à faire donc ici ? Manque-t-il des perles, par hasard ?... Anna !... Où est Anna ?... Allons bon !... Pas venue encore celle-là ! Voyons, quelqu'un !... Vous, là-bas !... Et Rousset ?... Où est Rousset ? Encore en train de pincer les jupes de ces dames... Si vous croyez que ça va durer longtemps, cette vie de pantins !

Les machines ronflaient, les dévidoirs grinçaient, courbant toutes ces têtes de femmes sur leur travail. Chavassieux sortit en faisant battre la porte. Alors les exclamations éclatèrent.

— Hein ? Il est rien gai, le singe, aujourd'hui ! C'est un miel !

— Il aura trouvé sa maîtresse allongée avec un placier !

— Si vous croyez que les placiers se contenteraient d'une pareille peau !

— De quoi ?... les placiers ! dit un employé qui entrait... Vous savez, mes petites chattes, faut pas blaguer les placiers. Y a plus que nous, mesdames, qui avons des mœurs.

— Bien sûr, que tu n'en auras pas voulu, toi, de cette toupie !

— Quelle toupie ?

— La punaise au Grand Ours.., une vieille gadoue qui sort de chez la mère Alexandre.

— Pas vrai ! C'est de la rue d'Amboise. J'y étais, je l'ai connue.

A cette saillie cynique, tout le monde éclata de rire, excepté Mme de Champvan qui eut l'air de n'avoir pas entendu. Et là-dessus, par pudeur peut-être, pour couvrir cette ordure, la voix de Mariette :

> Du printemps en fleur les premières brises
> Passent dans la plaine et sur les côteaux ;
> Nous verrons encor mûrir les cerises,
> Pour les amoureux et pour les oiseaux.

Marcelle, après cette semaine de bonheur, eut une détente plus découragée. Maurice lui écrivit ses tristesses. Leurs lettres remplirent les premiers jours d'absence d'une lumineuse traînée de souvenirs, qui leur fit revivre leur vie de Paris, leurs parties enthousiastes leurs voluptés délirantes.

Cette quotidienne correspondance adoucit l'angoisse de Mme de Champvan. Peu à peu, à son insu, grâce à la transition naturelle que le temps met en nous, la jeune femme trouva la résignation de son exil dans l'uniformité même de son ennui.

Ce n'était pas avec les trois francs par jour, gagnés chez Chavassieux, qu'elle pouvait régulièrement organiser sa vie ; mais il lui restait quatre cents francs de la vente de ses bijoux, une partie de cet argent ayant été employée au voyage. Dépensant environ trente francs de chambre par mois, quarante francs de nourriture, sans compter le blanchissage, l'entretien, les menus achats, elle dut entamer les quatre cents francs. Elle put, de la sorte, vivre à l'aise, en attendant l'avancement qu'elle obtiendrait tôt ou tard chez Chavassieux.

Suivant les conseils d'économie de Madame Arnaud, elle loua une chambre non meublée, avec cuisine, rue des Saints-Pères, au coin de la rue de Sèvres, au sixième étage, pour le modique prix de trois cents francs, payables par trimestres. Elle avança d'abord un terme, acheta provisoirement un lit en fer, divers objets indispensables, ce qui fit près de deux cents francs. Elle pressa ensuite son père et sa mère d'obtenir les meubles laissés chez M. de Champvan qui, prié de les rendre, faisait la sourde oreille. Revenu à sa chère vie de garçon, le folâtre mari s'était fixé à Cannes où il surveillait la construction d'une mignonne villa, bâtie à la pointe de la Croizette, en face l'île Sainte-Marguerite, non loin des pelouses où les agaçantes mondaines montrent leurs bas de soie noir, à côté du tir aux pigeons, si intelligemment dirigé par M. Octave Bertrand.

Il ne resta donc à Marcelle qu'environ deux cents francs, mais elle fut commodément logée : cuisine et grande chambre, donnant sur une cour, où l'on voyait sur le rebord des fenêtres des pots de fleur et des oiseaux en cage, gazouillant à tue-tête.

Pour se ménager des relations, sans lesquelles on n'arrive à rien, Marcelle continua à voir Madame Arnaud, Anna, Madame Bernard, Monsieur Emery, brodeur. Ces personnes la présentèrent à d'autres ; elle eût ainsi un noyau de connaissances qu'elle crut prudent d'entretenir, Mademoiselle Anna l'y encourageant, du reste, chaque fois qu'elle venait chez elle.

Un jour la manutentionnaire entra, effarée, rouge, suante, elle toujours impassible !

— Vous ne savez pas ?...

Marcelle s'effraya :

— Quoi donc ?

— M Chavassieux renvoie une partie de son personnel... Vous êtes du nombre.

Marcelle chancela.

— Pas possible !

— C'est Monsieur Chavassieux, lui-même, qui l'a dit au caissier, et c'est le caissier qui me l'a répété... Il y a longtemps, allez, que c'est dans l'air... Ce chiffre d'affaires !... Ce train de maison... une pose, une réclame insensée, à ce qu'il paraît... Voyez-vous depuis que le patron a été lâché par ses deux placiers... les meilleurs... Il faut voir les concurrences qu'ils lui font... Ce qui n'est pas bien malin, après tout : ces messieurs connaissent tous les clients... Bref, voilà le nombre des ouvrières rogné... On garde les anciennes, seulement... Vous comprenez, j'ai voulu vous prévenir... Auriez-vous été saisie, demain, si, en entrant, le patron vous eût décoché ça en face !

Marcelle, les bras allongés entre ses genoux, regardait fixement devant elle.

— Qu'est-ce que je vais devenir ?

— Ne vous désolez donc pas... Nous verrons, nous chercherons. Venez quand même à l'atelier, hein ?

Mme de Champvan fut atterrée. Au moment de fixer sa vie ! Au moment d'atteindre une position ! Tout s'écroulait ! Ah ! parfois en dépit de ses rages, de ses folies d'impatience, ces trois francs par jour lui avaient paru trop beaux pour toujours durer.

Le lendemain, le Grand Ours l'appela dans son cabinet.

— Je regrette beaucoup, madame... Impossible de

vous garder, en ce moment-ci... Je ne dis pas de ne plus vous reprendre... Vous me laisserez même votre adresse, n'est-ce pas ? Qu'est-ce que vous voulez ?... Les affaires !... Serviteur, madame !

Madame Blérouin fut aussi congédiée et Mariette aussi et la grande Louise et les deux Béderelle et la bossue et d'autres encore : dix en tout. On descendit ensemble. Et quelle explosion dans l'escalier !

— Hein ? En voilà un lâcheur, ce Grand Ours ! Ça pue la faillite !

— Pour sûr, ça ne traînera pas ! Canaille, va !

— Moi je m'en bats l'œil ! J'ai quatre cents balles par mois, si je veux. Un mot à dire... Pas plus !

— Eh bien, vrai, fit Mariette, y me resterait pas longtemps dans le gosier, ce mot-là !

— Parfaitement, reprit la grande Louise... un monsieur très chic... Avenue d'Antin... Il m'adore... Et si dans huit jours je n'ai pas de place... Tiens, je serais rien bête de me gêner.... Hein, Caroline ?

— J't'écoute, ma fille !... Plus souvent que j'hésiterais si j'avais c'te veine.

— Mazette ! ajouta Rose la Rougeaude... quatre cents balles... Je m'abonne au premier venu, moi, les yeux fermés.

— Moi, dit la petite Béderelle, ça m'est bien égal... Je rentre chez Norzat et Noirtier.... Ils manquent toujours d'ouvrières... Ça oui, c'est une boîte chic !...

J'y suis restée qu'une année ; mais ce qu'on se la coulait douce ! un vrai beurre !

Anna rejoignit sur la porte Mme de Champvan :

— Que comptez-vous faire ?

Marcelle la regarda anxieusement, les yeux en larmes.

— Je ne sais pas. Je vais voir le docteur Bernard.

— Prenez toujours cette lettre pour la maison Peters. Ça suffit. On me connaît.

Marcelle la prit machinalement, remercia la manutentionnaire et s'en retourna le long de la rue Richelieu.

Encore une fois sur le pavé ! A recommencer, les courses inutiles, les démarches humiliantes, les antichambres sans fin. Quand on est sans place, comme Paris change d'aspect ! Ce « chancre fumeux, » selon le mot de Balzac, « la plus grande ville de province, » selon de Goncourt, est pour vous un ennemi, un monstre à terrasser. Alors, l'égoïsme de la foule vous saute aux yeux. L'indifférence des passants vous crispe. Il n'y a pour vous que de la boue, que de la honte dans ce Paris coupable de votre misère ; et vous vous prenez à haïr cette accumulation d'hommes et de rues, vous demandant comment tout ce monde-là fait pour vivre et pour n'être pas comme vous, sans place et sans le sou.

Marcelle n'eut pas la force, ce jour-là, d'aller voir les personnes qui l'auraient pu conseiller. Elle retourna chez elle et resta assise devant la fenêtre, la plume à la main. Des oiseaux volaient, points noirs dans le ciel gris. Les toits alignaient sans bornes leurs cheminées, leurs zincs, leurs ardoises, où se posaient des pigeons. De la cour béante et carrée montaient des criaillements de perroquet, des rissolements de casseroles, des trilles de serin avec des toux et des murmures de femme.

XXVI

Lundi.

« Me voilà de nouveau sans position, obligée de nouveau de frapper à toutes les portes, sans appui, seule, ne sachant si j'aboutirai, ballotée dans Paris. Si on me disait : dans huit jours, dans quinze jours, dans vingt jours, vous serez casée ! Mais combien cela va-il durer ? Si je t'avais là, au moins, je ne me plaindrais pas, je souffrirais volontiers ; mais seule !... Et si j'osais, je resterais chez moi, les bras croisés, à regarder le ciel et les toits, tant je désespère d'arriver à rien. Mais il faut sortir, il faut me remuer, voir les personnes que je connais, tâcher de me tirer de là....

« Maurice, mon enfant, mon adoré Maurice, mon seul ami, suis-je malheureuse !.... Oh ! ne m'oublie jamais, ne me trompe jamais. Respecte la pauvre créature, privée de tous les bonheurs que Dieu donne aux autres !... Puissent mes souffrances t'attacher à moi davantage !.... A l'heure où je t'écris, au moment de recommencer la lutte, je n'ai plus de courage ; je ne sens qu'un immense besoin de toi, de tes deux bras.... M'aimes-tu bien, dis? Comprends-tu bien que je n'ai que toi au monde? Qu'est-ce que je deviendrais sans toi? Oh! écris, écris vite ! Que je lise tes chères lignes !

« Moi, je t'envoie, avec un million de baisers, ma tendresse la plus profonde, la plus pure.... »

Mercredi.

« Je suis plus contente, aujourd'hui. Je sors de chez Madame Arnaud. Elle m'engage à me mettre à la broderie, à apprendre surtout la broderie au métier. Elle me donnera du travail, de temps à autre, ne pouvant me prendre chez elle.... Elle est tout de même bien gentille de m'offrir du travail car, je l'ai deviné, ma broderie ne lui plaît pas. Elle plaît, au contraire, infiniment à Madame Dutoyat, une brodeuse de la rue de la Paix, enchantée de mes échantillons! Madame Bernard, qui est décidément excellente pour moi, me conseille de donner des leçons. C'est très lucratif. On trouve, dans ce genre, des places extraordinaires. Elle connaît un jeune homme qui va lire, tous les soirs, pendant trois heures, boulevard Haussmann, à raison de cinq francs par soir, à un vieux monsieur aveugle...

— Savez-vous l'anglais suffisamment ? m'a demandé le docteur Bernard.

— A peu près, lui ai-je dit, je lis Shakespeare dans le texte.

— Ça ne prouve rien. On peut lire Shakespeare et ne pas savoir l'anglais.... Le parlez-vous ?

— Oui.

— Eh bien, mais pourquoi ne donneriez-vous pas des leçons d'anglais et de français, en même temps que des leçons de piano ? Voulez-vous que j'en parle à mes clients ?

— Si on le faisait mettre aussi dans les journaux ?

— Les journaux ! Ah ! ça, vous croyez donc aux journaux ? On n'arrive que par les relations, ma chère dame, jamais par les annonces, encore moins par les journaux et les bureaux de placement. Savez-vous l'espagnol ?... Non ? Dommage ! Très utile à Paris, l'espagnol. Enfin, pour le moment, piano, français et anglais ; ne sortons pas de là, n'est-ce pas ?

— Mon mari a raison, a dit Madame Bernard. Ayez un but et poursuivez-le. Vous avez des amis, faites-les agir. Nous ferons, de notre côté, tout notre possible pour vous aider.

« Qu'en dis-tu ? J'ai envie, si on me trouve des élèves, de donner des leçons et le reste du temps de broder. Si je pouvais avoir des copies d'huissiers ! C'est bien payé !... Tout cela, en attendant une position plus régulière, plus sérieuse.... L'aurai-je jamais ? »

Vendredi.

« J'ai une leçon... Peu de chose ; un commencement... Une petite fille de dix ans, à qui j'enseigne le français et l'arithmétique, deux fois par semaine, rue Jean-Jacques-Rousseau. Sa mère, Madame Lelièvre... une charmante femme, bonne, douce, adorant sa fille. Le père est comptable dans une grande usine où il gagne beaucoup d'argent... Chez moi, je couds et je brode... quand je ne pleure pas...

« Merci des chères lignes que tu m'as envoyées hier et où tu as mis tout ton cœur. Aime-moi toujours ainsi, respecte mon absence, enferme-toi dans ma pensée. Moi, malgré ce que je souffre, j'éprouve une joie indicible à me sentir à toi, parce que je me dis que tu n'es vraiment pas comme les autres et qu'il est impossible que tu me quittes... Je m'en veux, alors, de mes doutes... C'est que je t'aime si jalousement, si exclusivement !... Bien plus encore depuis que mon avenir est si sombre !... Il faut être malheureuse, il faut sangloter, le soir, dans son lit, être abandonnée de tous, dans ce Paris ignoble, pour comprendre le bonheur qu'on a d'être aimée honnêtement, sans calcul, d'une affection qui ne vous manquera jamais !

« Paris !... Je vois bien en effet la Seine qui déroule ses quais, les trottoirs noirs de passants... mais mon âme est ailleurs... Ce n'est pas ici que je vis, c'est là-bas, à Noirçon, sous les oliviers, aux Sapinettes, avec toi, mon Maurice, mon cher Maurice !... »

Samedi.

« Je sors de l'agence de l'enseignement, rue Monsieur-le-Prince, 24. J'ai parlé à M. Benoît, un brave homme connu de tous les pensionnats. Il me trouvera quelque chose. Il m'a donné une lettre pour une institution de demoiselles à Passy. Je t'écrirai le résultat. J'ai prié maman de m'expédier mon piano. Il m'est nécessaire, d'abord pour me dégourdir les doigts, et puis, chez moi, il peut venir des élèves... Le docteur Bernard m'a envoyée à l'Hôtel Continental. On demandait une dame pour tenir la lingerie... Rien d'arrêté encore... Madame Arnaud est l'amie de la femme d'un bijoutier de la rue de Rivoli. Ce bijoutier m'a promis de me prendre chez lui, après l'inventaire. J'y compte tout juste. »

Dimanche.

« J'ai un mal de gorge !... Hier, la fièvre !... Et malgré cela, il faut aller, courir...

« Ce serait facile de vous caser » m'a dit Madame Émery... Elle s'en chargerait ; mais il faudrait savoir perler. A la rigueur, je couvrirais un dessin de

perles-tuyaux, au lieu de coton, mais le métier !...
En ce moment, je brode de jolies petites fleurs fines
pour échantillons. Ce que je gagne ? Quinze francs la
semaine passée... J'attends mon élève... ça fera
vingt francs. Voilà... on m'a proposé d'être demoiselle
de comptoir dans un grand café !... Plutôt mourir...
Si je voulais m'expatrier, on m'a offert de jolies positions,... gouvernante chez les Gorskine ou dans
une riche famille suédoise... Mais quitter Paris,
c'est te quitter... Jamais ! »

Ce fut ainsi pendant près de deux mois la même
vie d'espérances trompées, de places manquées, deux
mois à battre le pavé de Paris dans tous les sens,
pendant lesquels elle vivota, gagnant trente sous par
jour à broder, donnant des leçons abandonnées ou
interrompues, tantôt placée, puis renvoyée et ne
conservant, en fin de compte, pour toute élève, que
la petite Lelièvre.

Ces deux mois de lent découragement aboutirent
à un invincible dégoût, à une tristesse morne, qui
navrait parfois Maurice.

Elle eut une autre élève : une Anglaise à qui elle
enseigna le français pendant quelque temps : quarante francs par mois. L'Anglaise partit pour Londres.
Marcelle demeura quinze jours plieuse dans un magasin d'étoffe ; elle vendit des serviettes, pour faire de
l'argent et, n'ayant plus de bijoux, mit au mont-de-

piéta tout ce qu'elle put : bagues, serviettes, broderies. Elle copia des actes notariés, fut deux semaines gouvernante chez une vieille dame, qui ne la paya pas, entra comme découpeuse dans une maison de confection qui la renvoya au bout de huit jours. Madame Bernard, Madame Arnaud, Madame Emery lui témoignaient de l'intérêt et paraissaient même vouloir l'aider ; mais on a ses affaires ! et puis on se décourage si vite de rendre service.

— Si vous avez besoin d'argent, disaien˙ ils à Marcelle qu'ils jugeaient honnête, vous savez, ne vous gênez pas.

Mais ils disaient cela comme des gens qui ne vous pardonneraient pas de les prendre au mot. Anna, non plus, n'oubliait pas son amie. Les recommandations de la manutentionnaire lui procurèrent une élève : une ouvrière, nommée Elisa, qui vint tous les soirs de huit à neuf, après son travail, prendre des leçons de comptabilité, pour tenir les livres dans un atelier. Le père gagnait sa journée à l'usine Cail, la mère était cuisinière dans un hôtel.

C'était l'aléa, la vie incertaine, la peur talonnante de n'arriver à rien. Cela ne pouvait durer.

Cela dura cependant plus d'un mois. Comment vous dire pendant ce temps les terreurs de cette femme, ses désespérances quotidiennes, ses accablements, ses folies asseulées, ses révoltes et ses larmes, le long suicide, enfin, de ses gaietés morales et de sa fraîcheur physique? Certains jours, elle écrivait à Maurice des lettres éperdues, qu'elle regrettait ensuite; elle éprouvait d'autrefois, des rages d'espoir, des certitudes instinctives; puis, la peur, le doute, revenaient, et, la main sur les yeux, elle sanglotait des heures entières, étendue sur son lit. Elle en voulait à Maurice de n'être pas là, de ne pas venir; mais le pauvre garçon attendait sa deuxième carte de circulation, aimant mieux envoyer à Marcelle que de dépenser en voyage l'argent qu'il gagnait en menus travaux, portraits, fantaisies, tableaux de genre. Ne devait-il pas, en outre, aider sa mère, dont les ressources étaient minimes? La persistance de leur séparation augmenta le désespoir de Marcelle, sentant tous les jours davantage la misère enfoncer ses crocs d'acier dans sa chair. Elle en était souvent abattue, au point de rester au lit, sans avoir la force de penser à rien.

« Un dédale, ma vie... Je m'y perds... Remonter, le courant... Impossible!... Il m'emportera!... Je ne sais où j'en suis... Plus d'espoir, point de lueur... Oh! que ne puis-je perdre la mémoire, la pensée et dormir, toujours dormir et ne plus me réveiller, jamais!... »

XXVII

Mme Arnaud connaissait un M. Monetti, l'ami intime, le bras droit, l'*alter ego* de Blanchard, l'influent conseiller municipal, célèbre par les réformes qu'il introduisit dans l'administration des bureaux de bienfaisance et du Mont-de-Piété.

— Certainement... s'il voulait, il vous caserait, disait Mme Arnaud à Marcelle. Faut-il lui en parler ?

Elle lui en parla ; et un jour elle dit à Mme de Champvan :

— Présentez-vous chez lui. Il est très bien disposé.

Une après-midi, malgré ses répugnances, Marcelle y alla. M. Monetti habitait la rue Scribe, presque au coin de la rue Auber. Elle le trouva dans son salon, une pièce de garçon coquette, où des tableaux de maîtres étincelaient aux murs. C'était un homme gros, adipeux, la peau blondasse et huilée, cheveux ras, pommettes en saillie, petits yeux cyniques et presque pas de sourcils ; un gâteux de quarante ans. Toute sa personne trahissait cette vulgarité native qui, malgré l'élégance de la mise, donne à certains Parisiens de Paris l'air faraud et dépaysé d'un provincial obèse, claquant dans son complet au sortir de chez Dussautoy. Avec cela, un geste mou, une politesse louche, une tenue demi-mondaine, demi-débraillée. Prévenu de sa visite, il attendait Marcelle. Une maîtresse de piano en dèche, séparée de son mari !... Bigre !...

— Une paroissienne qui a dû joliment rouler, se disait-il, les jambes croisées, en fumant des cigarettes turques... Ouvrière, brodeuse, maîtresse de piano, professeur d'anglais, de français... Malheur ! Si elle a laissé un préjugé à chaque changement de position !.. Bah ! jolie et pas trop bégueule, on verra ce qu'on peut faire pour vous, Madame !

Il fut stupéfait, quand elle entra, de voir une de ces marmoréennes beautés, d'air humble, inaccessible, par cela même bien plus désirable. Il s'inclina. Ses regards ne quittèrent plus la jeune femme.

— Veuillez vous asseoir, madame... Madame Arnaud m'a expliqué votre situation... Vous avez eu beaucoup d'ennuis, paraît-il... Il ne faut pas se décourager pour cela, patience... C'est en persistant qu'on arrive. Pour mon compte, je suis tout disposé à vous être utile... Avec une instruction comme la votre, on peut remplir n'importe quel emploi... J'en parlerai à Blanchard... Blanchard n'a rien à me refuser... Il vous casera sans peine, soit à la lingerie d'un hospice, soit dans les rares bureaux où l'on admet des femmes. Pensez donc ! Blanchard est l'intime ami du directeur.

— Je vous remercie, monsieur, balbutia-t-elle, de l'intérêt que vous me témoignez et de tout ce que vous ferez pour moi.

Mais ce regard brutal, toujours fixé sur elle !... Pour l'éviter, elle considéra les tableaux. Il était émerveillé, le gros Monetti. Une chair si pâle ! des yeux si noirs ! tant de souple distinction ! des hanches si bien prises ! un si petit pied sous la robe ! La jolie maîtresse, cré nom d'un chien ! Et pas chère, celle-là ; une promesse à donner, une recommandation à Blanchard... Entre nous, un truc, ce Blanchard, dont il se servait habilement :

— Peut-être nous faudra-t-il attendre quelques semaines. Il y a des permutations dans le personnel.. Mais nous vous caserons, j'en réponds...

Celles qui livraient leurs corps pour avoir la protection de ce cynique, l'attente s'éternisant, se désespéraient et s'en allaient.

Monetti, n'osant encore se démasquer devant Marcelle, continuait à la déshabiller des yeux. Gênée, confuse, elle regardait toujours les tableaux.

— Madame se connaît en peinture ?

— Non, monsieur, mais je l'aime beaucoup.

Il se leva.

— J'ai là, dit-il, quelques toiles qui m'ont coûté cher...

— Ces deux surtout, dit Marcelle en se levant aussi et en indiquant, au bout du salon, deux tableaux à cadres massifs.

— Tiens ! mais parfaitement... à quoi le devinez-vous ?

Elle sourit sans le regarder.

— Parce que c'est évidemment un Corot et un Diaz.

— Ah ! mais voilà qui est fort... A cette distance !... Vous êtes peintre !... Pas possible...

— Non, monsieur, je ne sais pas peindre.

— Eh bien, vrai, madame, vous m'étonnez. Faut-il que vous ayez un coup d'œil !...

— Ce n'est pourtant pas bien difficile, dit-elle.

Il ne savait pas, lui, si c'était facile ou difficile : il avait des tableaux parce que c'est la mode d'en avoir ; et il resta stupéfait devant cette femme qui demandait une place et qui reconnaissait un Diaz et un Corot à cinq mètres de distance. Son désir s'en aviva. Les mains dans les poches, il se remit à la dévisager, obstinément, insolemment. Marcelle révoltée sentit son sang remuer des pieds à la tête.

— C'est convenu, madame, dit-il enfin. Je m'occuperai de votre affaire. Je vais écrire à Blanchard. Venez donc prendre ma lettre demain matin.

Elle ne répondit pas. La colère l'eût emportée.

Elle savait ce qu'il voulait maintenant. Elle examinait toujours les tableaux, par contenance, pour éviter la provocation des yeux fixés sur elle.

Puis, vivement :

— Eh bien ! là... franchement, madame, abandonnée de votre mari, libre, jeune... Vous êtes encore bien... bonne.

— C'est « bête, » n'est-ce pas? que vous voulez dire ? Eh bien, monsieur, je préfère ma bêtise à l'esprit que vous pourriez me trouver si je tombais jusqu'à vous.

— Bah ! est-ce que vous ne viendrez pas chercher votre lettre ?

— A quoi bon ?... Vous perdriez votre temps... et moi aussi.

Et elle sortit sans saluer.

Ah ! Elle s'était contenue ! Mais quelle exaspération de haine au fond de son âme, contre ces insulteurs impunis, contre ces spéculateurs de la pauvreté vertueuse ! Quels regards de mépris elle jeta sur les lorgneurs du boulevard ! Plus d'un gommeux à monocle en prit une mine ahurie. Et quel orgueil dans cette indignation ! Qu'elle eut de joie à être *elle*, à songer à son Maurice, incapable, celui-là d'une honte, d'une lâcheté ! Blessée dans sa pudeur, dans sa misère, dans sa plus intime délicatesse, elle aurait voulu se sauver aux bras de son amant, se sauver de cette boue où on la poussait. « Et voilà

Paris, mon enfant, écrivait-elle, le soir, à Maurice, voilà les protections sans lesquelles on n'arrive à rien... »

Seul, Monetti réfléchit. Marcelle lui réapparut avec ses yeux noirs, ses longs cils, la blanche mazité de son teint, la taille fine, point de boucles aux oreilles, les genoux dessinés sous la robe. Cette femme était étrange, sa séduction inédite, non vue, absorbante. Il en était atteint au delà de l'épiderme, ce viveur dont les amours n'étaient que des folies de moëlle épinière. C'était lui qui ne *coupait* pas dans la vertu des maîtresses de piano ! Il était de ceux qui pensent que si Lucrèce avait couru le cachet, elle n'eût pas fait de scène à Tarquin ; et il calculait sérieusement ce qu'il lui faudrait de temps et de banknotes pour réduire cette affamée. Il connaissait son adresse. Dès le lendemain, son siège fut fait...

Vous auriez pu le voir, ce matin-là, traverser le pont des Saints-Pères, cigare aux lèvres, stick sous le bras, en veston court, avec un chapeau haute forme, anachorisme de toilette impardonnable chez un homme du monde même amoureux. Il eut le déplaisir d'être rencontré dans ce bel état par un ami, fort étonné de le voir surveiller les bateaux-mouche à une heure aussi matinale.

— Tiens ! Monetti !... Comment va ?... Sorti de bien bonne heure ?

— Promenade hygiénique. Ordre du médecin.

C'est tout ce qu'il répondit. Croyant rencontrer Marcelle, il fit ensuite la moitié de la rue des Saints-Pères, repassa les ponts, revint par l'avenue de l'Opéra et entra au bureau de poste affranchir une lettre. La première personne qu'il vit... Marcelle ! Il s'avança. On lui tourna le dos. Il l'attendit à la porte. Mme de Champvan était furieuse.

— Vous êtes encore là ! Je vous défends de m'adresser la parole !

Il sourit, balbutia et la suivit. Au milieu de l'Avenue, elle se retourna :

— Voulez-vous que j'appelle un sergent de ville ou que je vous soufflète ? Choisissez.

Elle avait l'air si décidé, qu'il recula. Ce mouvement le fit heurter un commissionnaire qui portait des livres ; le chapeau haute-forme de M. Monetti roula sous les pieds des passants et rebondit intact dans la chaussée. Un gamin se mit à crier :

— Oh ! mince, alors !... V'là le galure à roulettes !

XXVIII

Après avoir couru, après avoir brodé tout le jour, Marcelle était prise d'un besoin d'épanchement et de passion qui la faisait pleurer, seule dans son lit de fer à paillasse dure, au milieu de sa chambre vide, où l'on entendait la huée sonore d'un bateau dans l'agonisante rumeur de minuit. Il lui arriva, n'ayant pas dîné, d'aller, pieds nus, prendre à la cuisine du pain et du chocolat et de manger ainsi, accoudée sur l'oreiller, à la lueur d'une bougie; souvent encore elle se levait, elle écrivait à Maurice des lettres déchirantes, où des cris d'adoration se mêlaient à des sanglots d'âme, lettres sublimes, affreuses, qu'on lit à genoux et qu'on n'oublie plus.

Ses ressources d'argent s'épuisèrent. Elle porta des bottines éculées, des gants troués; elle passa des jours sans avoir six sous, à déjeuner avec du fromage, à se demander si elle mangerait le soir. Elle ne prenait jamais l'omnibus, faute d'argent, de sorte qu'en arrivant chez elle la fatigue l'abattait sur le lit et la fièvre chassait la faim. Elle emprunta de petites sommes à Mme Bernard, à Anna, à Mme Arnaud, les leur remboursant dès qu'elle travaillait. Mais ce travail, hélas! devint de plus en plus intermittent. L'ouvrière ne prit ses leçons de comptabilité que tous les trois jours; il ne lui resta que la petite Lelièvre, toujours fidèle, celle-là.

Un jour, en copiant ses exercices et en tirant la langue pour mieux s'appliquer, la petite, ayant remarqué que sa maîtresse avait les yeux rouges, lui dit avec ce sérieux des enfants qui répètent les paroles entendues :

— Vous ne devez pas être très heureuse, n'est-ce pas, madame? Si vous aviez besoin de quelque chose, maman a dit que vous ne vous gêniez pas.

— Votre maman est bien bonne, dit Marcelle, je n'ai besoin de rien.

Et l'élève continua de copier ses exercices, sans voir deux larmes couler sur le visage de la jeune femme, deux larmes qui faillirent tomber sur la page blanche où la fillette écrivait.

Marcelle ne vécut absolument que de cette leçon et des broderies auxquelles elle travaillait même la nuit. Une pareille existence eût terrassé les plus robustes. L'heure était proche où son courage serait vaincu.

« Courage! c'est facile à dire!... Je n'en aurai

qu'avec toi, qu'avec tes caresses pour me payer de mes angoisses, de mes fatigues... Mais ce besoin insensé de te revoir,... cette misère de chaque jour... Je n'en puis plus... Je suis à bout...

« Je ne me remue pas?... Ah! si tu connaissais ce travail de grande ville!... Toutes les mains tendues vers la même place... L'indifférence, les marchés honteux en échange d'une protection... La broderie ? Je te l'ai dit, c'est très peu payé ; on la fait presque pour rien au métier dans les Vosges, dans les couvents.... Non! C'est à perdre la tête... Que faire?... Où aller?... J'attends, j'attendrai... mais si cela ne change pas?... « Travaille, persiste! » Mais celles qui persistent toute leur vie sans résultat ?

« D'ailleurs, vois-tu, une femme ne peut pas arriver toute seule... Elle ne *peut pas*... Celles qui se créent une position dans un magasin ou dans un atelier y sont entrées à quatorze ans. Une filière comme une autre!... Celles qui donnent des leçons?... Celles-là habitent Paris depuis longtemps. Ou bien, alors, ayez un métier : mécanicienne, piqueuse, corsetière, fleuriste ; mais moi, avec ma jolie éducation, qu'est-ce que je sais faire? Rien.

« Voilà trop longtemps que je suis sur la branche, n'osant me résoudre, changeant d'idées et de projets... trop longtemps que je piétine sur place... J'irai quelque temps encore, mais pas bien loin, tu verras... Le jour où tu pourras m'aider sérieusement, ce sera trop tard, mon pauvre Maurice, je serai morte ou de retour là-bas, ce qui est pis. »

Pendant plusieurs semaines sa douleur fut si intense, qu'elle parut avoir emporté son amour. Ses lettres à Maurice devinrent irrégulières, amères, irritées. Il s'en plaignit, puis s'en désespéra, affolé des peurs que lui donnait cette existence de femme pauvre dans Paris. Marcelle lui répondit des choses injustes, blessantes ; cela ne dura qu'une semaine ; la courageuse femme réagit bientôt et se cramponna plus opiniâtrement à cet amour, le seul refuge de ses détresses, la seule épave qui survécût au naufrage de sa vie.

« Pardonne-moi !... Oublie ce que je t'ai écrit. Ne pleure plus. Je ne le veux pas. J'ai été injuste.... tu ne peux rien, je le sais, tu es lié à Noirçon : Mais je souffrais tant !... Aujourd'hui toute ma force m'est revenue... Malgré l'abandon, la misère, l'exil, je ne vois plus qu'une chose : le but que nous impose notre affection, notre conscience, la nécessité... Écoute-moi, Maurice.... Regarde-moi bien.... Ton front, là, près de mes lèvres.... Est-ce que j'ai changé ? Est-ce que je peux t'oublier ?... Dis, me vois-tu malgré la distance ?... Écoute... je ne suis pas partie... je suis là-bas, à côté de toi... je bois ton haleine avec ma bouche, je te presse dans mes bras... Pourquoi souffrir ? Pourquoi m'en vouloir ? Je t'aime. De près, de loin, il n'y a pour moi ni temps, ni espace, ni forme, ni absence.... C'est toi qui es ma pensée, c'est toi qui es ma vie, toi, toi seul, entends-tu Maurice ?

« Compte sur moi.... Pas une douleur, pas une déception n'ébranlera mon honnêteté. Si tu savais combien j'apprends à connaître les hommes, à m'isoler, à n'aimer que ce qui est grand et beau, à m'attacher à toi davantage, à ne point ressembler à personne, à être jalouse surtout de notre amour !... Et le mépris que j'ai pour tout ce qui n'est pas toi !... Plus je souffre, plus je hais le monde, plus je me sens invulnérable, incorruptible, incapable de désirer autre chose que toi.....

« J'ai couru tout le jour.... J'ai cinq sous dans la poche. Envoie-moi des timbres pour mes lettres... »

« Bonne nouvelle. Madame Arnaud est venue ce matin, désolée — tu penses ! — de l'histoire de Monetti !... — Je vous ai déniché une leçon, m'a-t-elle dit. Une certaine Madame Stubble... cocote... femme entretenue... je ne sais pas.... Voici sa carte. Rue de Rivoli, au coin de la rue des Pyramides. Allez-y lundi.... Et surtout, ne vous découragez plus. On perd beaucoup de choses faute de savoir attendre.

« Une leçon sérieuse ! Il était temps !... »

« Aujourd'hui le ciel était si beau, si pur, qu'une

soif de grand air et de senteurs agrestes m'a prise, un besoin de vivre pendant quelques heures à Noirçon, aux Chênes-Verts, avec toi, avec nos gamineries et nos baisers.... J'ai revu le passé, comme au fond d'un rêve où il y aurait du soleil, un soleil aveuglant, impossible à regarder, un soleil qui semble une pluie d'étincelles entre les branches des pins....

5 heures, soir.

« Je reçois ta lettre. Merci du fond de l'âme. Ah! que de courage elles me donnent, ces lettres! Suis-je forte quand je les ai lues!... De l'argent!... Pourquoi m'envoyer de l'argent? Es-tu bon!... Es-tu généreux!... Ah! que je t'aime, tiens! et que je voudrais pouvoir te les renvoyer, ces vingt francs qui valent plus d'un million à mes yeux!... Sois tranquille, Dieu ne m'abandonnera pas!... J'en suis sûre, à présent.... »

XXIX

Le lendemain matin, Marcelle sonnait à la porte d'une riche maison de la rue de Rivoli. Ce nom de Stubble lui semblait si difficile à prononcer, tant elle le trouvait drôle, qu'elle se contenta, en entrant de montrer la carte :

— Y a-t-il ici une dame de ce nom ?
— Oui, madame.

Elle donna le sien en ajoutant :

— Maîtresse de piano.

La femme de chambre revint un moment après.

— Madame peut entrer.

Elles traversèrent une jolie salle à manger, fenêtres mi-closes, meublée en vieux chêne, morne et sombre pièce, étoilée çà et là du scintillement de la suspension d'argent et des vaisselles plates, brillant derrière les glaces du buffet. La femme de chambre ouvrit une porte et voilà Marcelle dans un petit salon gentiment garni, mais où rien ne trahissait la condition du propriétaire, vieux garçon, femme entretenue ou prosaïque bourgeois. Aucun livre, point de bibelot traînant sur les meubles, pas un objet d'art, pas un fétiche, un hochet quelconque, miniatures, magots, écrans, japonaiseries, qui révèlent un goût personnel. Tout arrangé, décoré, épinglé d'après le coup d'œil du marchand de meubles. Un si joli petit boudoir! Une si mignonne pièce, sans angles, ronde, à hautes fenêtres, tendue de satin jaune broché de fleurs nuance réséda. Entre les deux fenêtres un piano ; au milieu, une table en marqueterie, sur laquelle une corbeille de plantes rares. Marcelle considérait ce luxe aimablement fade, lorsque Madame Stubble entra.

Grande, vingt-cinq ans, brune, très brune même, presque noire, les traits durs, elle portait les cheveux coupés à la chien sur les yeux, des yeux vitrés et morts. Elle avait passé à la hâte la jupe d'un costume en surah, à petits carreaux rouges et bleus, et sur cette jupe elle avait mis négligemment une matinée en cachemire blanc, à larges manches, dénudant deux bras, plats et carrés, de vrais bras d'homme. La main seule était fine.

— C'est vous, madame? dit-elle à Marcelle, asseyez-vous donc, je vous prie... Oui, je tapotais du piano dans le temps et j'ai voulu m'y remettre... Une toquade... Seulement, je vous préviens, je ne fais pas de gammes : ça m'énerve.

— Vous faites pourtant des exercices ?

— Ni gammes ni exercices : ça m'énerve.

— Des arpèges, alors ?

— Ah ! je ne sais pas moi !... Voyez-vous, quand on est nerveuse... Tenez, j'ai là une petite valse que je ne joue pas trop mal : *Bergeronnette*. La connaissez-vous ?

Marcelle s'assit et en joua quelques mesures. L'A. B. C. des débutants.

— Nous jouerons *Bergeronnette*, dit-elle avec résignation, puisque cela vous fait plaisir. Vous vous exercerez toute seule, n'est-ce pas ?

Madame Stubble se mit au piano. Pauvre *Bergeronnette !* Il n'en resta pas une croche !

— Qu'en dites-vous ?

Marcelle, debout derrière le pouf, souriait.

— Tiens ! c'est drôle ! s'écria Madame Stubble. Vous riez comme « Monsieur ». Ça ne va pas, hein ?

— Mon Dieu, comme doigté, cela peut aller, mais vous, oubliez l'essentiel, la mesure. Jamais, entendez-vous bien ? si habile que vous soyez, vous n'arriverez à rendre un morceau tel qu'il est écrit, si vous n'observez pas la mesure, si vous n'y mettez pas l'expression. C'est toute la musique, l'expression !

L'autre s'exclama.

— Mais c'est qu'on ne me l'a jamais dit !... Mais jamais ! Après ça, quand on n'a eu que des mazettes pour maîtresses de piano !

Elle prenait en parlant un air faussement mondain, une nonchalance dédaigneuse qui jurait avec le familier sautillement de sa conversation. La leçon commença. Marcelle lui expliqua la valeur des notes, lui démontra surtout la mesure marquée sur le morceau de musique. A la quatrième reprise, l'élève ne se trompait plus. Il fallait voir sa joie !

— Je le dirai à « Monsieur ! » répétait-elle, je le dirai à « Monsieur ! »

L'heure passée, Marcelle sortit. Le mercredi, elle revint. Rien de saillant : Mme Stubble, tranchant de la femme du monde, prit sa leçon, que Mme de Champvan lui donna, plus femme du monde qu'elle.

Elle revint régulièrement. Chaque fois qu'elle entrait dans cette chambre de courtisane, elle marchait comme avec des ailes sur ces voluptueux tapis, aimant davantage sa pauvreté sans convoitises, exempte de bonheurs souillés. Le sixième jour, la femme de chambre la reçut, à la porte, avec ces mots mystérieux :

— Il y a « Monsieur. »

Pour donner à « Monsieur » le temps de sortir, on la fit attendre dans le cabinet de toilette, petite pièce d'élégance plus raffinée encore que le salon : tentures en satin rose, à bouquets blancs ; même étoffe sur les murs ; petits rideaux en guipure légère, doublés de rose, table à toilette blanche, à filets roses, à grands robinets d'argent, ornée de chaque côté d'appliques garnies de bougies roses, se reflétant dans une glace bizautée. Un chien, au museau long et fin, vint flairer Marcelle.

— C'est le chien de « Monsieur » dit la femme de chambre, en baissant respectueusement la voix.

Et, après une pause :

— Entre nous, Madame, je crois que vous ne ferez pas long feu ici.

Mme de Champvan ne répondit pas, n'aimant point à cancaner avec les soubrettes. Mais l'autre continua, tout en rangeant les white-rose et les opoponax sur le marbre de la table à toilette :

— Mon Dieu, oui... « Monsieur » lui disait hier : « J'espère que tu vas la garder, celle-là ? Elle t'a appris, en une leçon, ce que personne ne t'avait encore enseigné ! » Mais Madame a un caractère !... Une drôle de personne, allez !.. Bonne, au fond... je ne dis pas. Mais tout l'énerve. Ainsi, elle n'a jamais pu supporter un professeur plus de huit jours, rapport à ses nerfs... Lui conviendriez-vous, d'ailleurs, pour mille raisons, vous lui déplairez toujours : vous n'êtes pas assez...

Elle hésita.

— Vous n'êtes pas assez laide, quoi ! Il lui faut des repoussoirs, à Madame. Elle est jalouse de « Monsieur » oh ! mais jalouse ! Ainsi, moi, tenez, m'a-t-elle assez bien choisie ?

Si on l'avait bien choisie ! Horrible, repoussante, le

visage criblé de petite vérole, le front bombé ; des yeux imperceptibles, presque pas de cils : un monstre.

« Monsieur » sorti, Mme de Champvan donna sa leçon. Huit jours après, la femme de chambre lui dit, en ouvrant la porte :

— Madame ne prendra plus de leçons ; ça l'énerve.

Et à voix basse :

— Qu'est-ce que je vous disais ?

Marcelle demanda alors le montant des cachets. La bonne le lui apporta.

Et voilà comment on la congédia.

Ah ! les insolences et les déboires qu'il faut essuyer pour vivre ! Songer qu'on a été riche, qu'on a eu des salons aussi beaux, un boudoir aussi coquet, et attendre qu'une cocote vous envoie sa soubrette pour vous payer ! Misérables poseuses, drapées dans leur honte, venues de leur village en sabots et en bas bleus, vendant des violettes sur le trottoir des Italiens ou aux Ambassadeurs, et ne daignant même plus payer de leur propre main l'argent qu'elles doivent, le jour où un « Monsieur » les couvre de velours et de bracelets ! Et dire qu'il y aura toujours des imbéciles pour *gober* ces femmes-là et, ce qui est pis, des femmes pour les envier !

Marcelle, révoltée, pressa le pas pour fuir plus vite cette maison. Le ciel était pur, d'une douceur mystérieuse et voilée. Les arcades de la rue de

Rivoli se dédoublaient au loin jusqu'à se confondre. Le Paris élégant qu'on aperçoit de ce côté avait, ce matin là, un air d'éveil plus joyeux. Un peu de brume, très peu, comme il en flotte toujours sur la ville, gazait aériennement les maisons lointaines, poudrait le quai Voltaire et estompait les ruines de la Cour des Comptes sur le quai d'Orsay. On sentait la chaleur d'août monter dans l'air, sous la fraîcheur des marronniers, près du jardin des Tuileries que Marcelle longea lentement. Il était propret et tranquille, ce gai jardin toujours humide des vapeurs de la Seine. Le soleil animait d'une couleur de chair rose la nudité des déesses de marbre, peuplant, comme dans un parc de Wateau, les parterres embaumés de fleurs et rasés de vols d'hirondelles. Les pommes d'arrosage, pivotant toutes seules sur leur haut trépied, nimbaient les gazons d'une poussière tournoyante. L'air était plein de luminosités et de vibrations. La joie de la nature se mêlait au bruit de la ville.

XXX

« Jamais, non jamais je n'ai été si découragée. Cette fois-ci, je suis acculée, sans ressources... Je n'ai pas dîné, hier. Je n'avais pas un sou. A midi, j'ai mangé du pain avec du beurre...

« J'ai une colère, une rage contre la destinée, contre moi-même, contre tout ! Je voudrais mourir, là, sur-le-champ, et que tout fût fini, car je n'ai plus de force... Lutter, ne pas se vendre, n'aboutir à rien et passer pour une perdue !... Mieux vaut s'anéantir. Ce n'est plus du découragement qui m'étreint, à cette heure, c'est du désespoir. Je pleure, je deviens folle...

« Pardonne-moi mon Maurice, pardonne-moi de te dire ces choses-là ; mais je mourrais, si je ne te les disais pas ! Ne doute pas de moi, au moins ! Oh ! n'en doute jamais. Tu sais si je t'aime ; tu sais si tes lettres me consolent ; mais aujourd'hui, je souffre trop, je ne puis que te crier ma douleur. Je n'en suis pas moins tienne, aussi sincèrement, aussi profondément, entends-tu bien? Mon Maurice, mon enfant chéri!... Pardonne-moi, pauvre ami de te laisser voir mes larmes... Je te les cache tant que je puis; mais il y a des jours!... Ce que j'ai pleuré, hier soir, seule, sous ma voilette, dans la rue des Saints-Pères! Je ne suis pourtant pas exigeante... Je me contente de peu. Je ne murmure jamais contre Dieu; pourquoi tant de malhonnêtes gens réussissent-ils, quand j'ai si peu de chance, moi, malgré mes efforts, malgré mon honnêteté?..

« Et puis, cet isolement... Si je t'avais, au moins!... Ma misère me semblerait douce. Mais seule, seule!...

— Et tes cartes de circulation? C'est donc bien difficile à obtenir. Nous ne pouvons cependant pas gaspiller l'argent en voyage! Il nous est si nécessaire!

« Qu'il y a longtemps que je ne t'ai vu, Maurice! Voici l'automne. Quand viendras-tu, dis, avec tes baisers et tes caresses, me donner la force d'aller jusqu'au bout? »

Lundi.

« Rien, rien ne me réussit! Partout le vice qui m'éclate de rire au nez et qui me crie: « Es-tu bête! Pourquoi ne fais-tu pas comme les autres? »

« L'autre jour, un insolent, un officier d'artillerie est venu chez moi, renseigné je ne sais où, adressé par je ne sais qui... Il a osé m'offrir, en face, brutalement, cyniquement, un billet de cent francs pour aller souper avec lui ! Tuez-vous donc à travailler, pour être traitée comme une fille !....

« Tu devines ce que je lui ai répondu, à cet ignoble officier ?... Tu aurais tremblé de me voir ! Je l'ai reçu devant ma porte, sur le palier... Je l'ai laissé parler sans l'interrompre. Après, je lui ai dit qui j'étais, le mépris qu'il m'inspirait, lui et ses pareils, et j'ai fini par cette phrase : « Est-ce votre mère qui vous a enseigné ce respect de la femme ? » J'avais du sang plein les yeux. Je le regardais fixement... Tout d'un coup, je l'ai pris par le bras, je l'ai poussé dans l'escalier... Il n'a pu se cramponner à la rampe, il a dégringolé trois marches et il a filé sans répondre, sans se retourner... S'il avait dit un mot, je l'aurais battu, je l'aurais déchiré avec mes ongles, quitte à me faire écraser d'un coup de pied.

« Me prendre pour une rouleuse ! M'offrir cent francs pour donner, en une heure, tout mon bonheur, toute ton estime, et la fidélité que je t'ai jurée, à toi, si loyal, si bon, qui m'aimes si saintement !... Ah ! j'ai mis une rage à lui cracher mon mépris au front, à ce soudard qui s'imagine qu'on achète une femme avec un billet de banque et un pantalon rouge !...

« Un homme de haute taille, blond, les yeux clignotants. Je me rappelle, maintenant, l'avoir rencontré sur les quais. Il m'aura suivie, il aura pris des renseignements... Ces gens-là ne doutent de rien.

« Autre chose : le concierge est monté chez moi... Je lui emprunte quelquefois de l'argent, à ce concierge, et il s'est cru autorisé... Bref, après bien des hésitations, voici ce qu'il m'a dit : un monsieur, un négociant, quarante-cinq ans « bien jeune encore pour son âge, » s'est épris de moi en me voyant passer régulièrement, à midi, rue Richelieu. Juge si je l'ai laissé finir, ce Pipelet !... Mais il m'a interrompue :

— Il irait jusqu'à mille francs par mois, madame ! »

Voyant que j'allais l'agoniser de sottises, il s'est excusé :

— Comprenez donc ma p'tite dame ! On me donne une commission... Moi, n'est-ce pas ? Je refuse... Je vous défends... « Mais, nom d'un nom, que je lui ai dit, quand je vous dit qu'all' est honnête... C'est n'une honnête femme, quoi ! » Ben, non !... M'a pas écouté... Alors moi, M'ame, vous concevez ma position !...

« Non, mais c'est qu'ils s'imaginent que parce qu'on est malheureuse, on ne va pas hésiter à se prostituer, comme si la toilette et l'amour du luxe ne perdaient pas plus de femmes que la misère ! »

Mardi.

« Oh ! que je voudrais t'avoir près de moi et cublier ma vie sur ton cœur ! Quelle nostalgie, tous les jours plus profonde, de toi, de mon amour, des joies que tu me donnes depuis que je te connais ! Comme je vais te couvrir de baisers, quand tu viendras !... Entendre ta voix, seulement... Je serais consolée. »

Mercredi.

« J'aurai une leçon, je crois... une femme nommée Fernande, genre Madame Stubble... plus jeune... Il paraît que c'est sérieux, cette fois... Une position assurée... Enfin !... »

XXXI

C'était dans un des plus modestes appartements de la rue Mosnier, dans une pièce banalement charmante, meublée selon le goût courant des tapissiers de réputation moyenne. On venait d'introduire Marcelle. Pour la première fois elle mettait le pied dans ce quartier de l'Europe, exquis et paisible, suave et engourdi comme un boudoir où la volupté se cote, quartier du vice aristocratique, des artistes à la mode et des hommes de lettres dorés sur tranches.

Une gamine de dix-neuf ans chantait devant une table de toilette, les coudes relevés, s'attachant les cheveux à la nuque, un jupon serré à la taille, les épaules nues, de fraîches épaules, rosées de jeunesse.

C'était Fernande.

Elle se retourna, intimidée par cette maîtresse de piano, d'allure si peu cabotine, qui se tenait droite, dans l'attitude humiliée et souffrante du malheur. Quelques mots échangés ; le temps de fixer l'heure, le prix des leçons, et Marcelle sortit, laissant Fernande à ses savons et à ses eaux de senteurs, en attendant Ducardon, l'amant sérieux, un des directeurs du *Crédit Algérien.*

Dès lors, Marcelle quitta quotidiennement sa chambrette pour venir, tous les jours, pendant une heure, battre la mesure du pied, chanter la note, en désignant le doigté du bout de l'ongle à l'inattentive espiègle assise devant elle. Une corvée assommante qui, sans la nécessité de vivre, aurait lassé Marcelle au bout de huit jours; mais, résolue à tout, rien ne trahit ses révoltes.

Sans se l'expliquer, d'ailleurs, elle sentit pour cette fille une chaleur de sympathie, faite d'intérêt et de pitié. Fernande était bonne, de cette bonté respectueuse que témoignent ces créatures à l'honnête femme qui les plaint. Dans ses yeux sa jeunesse fusait en éclair; sa peau était blanche, son sourire doux; un peu maigre, malheureusement, maigreur fausse, que la gomme trouve galbeuse et qui donne, en effet, un peu d'idéale virginité à ces femmes ordinairement crevantes dans leur corsage. Son air étonné, pas du tout canaille, vous désarmait. Elle adorait la musique, que sa vie éparpillée dans le Paris qui s'amuse l'empêchait d'étudier. Elle traita Marcelle avec une politesse timide dont elle ne se départit jamais. Elle ne s'enhardit qu'un soir pour lui dire :

— Voulez-vous accepter une tasse de thé, madame ?

Marcelle refusa. Fernande lui renouvela souvent la même offre, et chaque fois le même refus amenait sur le pâle visage de la fille une résignation navrée, muet reproche qui gênait Marcelle.

Sitôt rentrée, elle brodait devant sa fenêtre, se délassant à suivre des yeux le vol d'un nuage gris, à écouter le marteau d'une forge voisine, les chardonnerets dans leurs cages; sa pensée s'envolait avec les oiseaux et le vent, qui le soir arriveraient à Noirçon. Vis-à-vis, une tête regardait parfois cette obstinée brodeuse, sortant à heure fixe, pour s'enfermer de nouveau et pleurer devant la petite table, où elle écrivait quand elle ne brodait plus. Le soir, elle préparait sa dînette, grignotant du bout des dents, si triste, si seule, qu'elle n'avait jamais faim.

Pendant un mois, elle vécut de l'argent de Fernande et de quelques broderies dérisoires. Cette idée que toutes ses ressources, que son existence de tous les moments dépendait de Fernande, attacha Marcelle à cette déshéritée.

Elle la trouvait toujours seule. Une fois, un jeune homme blond se leva du canapé, quand entra la maîtresse de piano. Il la pria de jouer quelque chose, ce qu'elle fit simplement. Le jeune homme remercia et sortit.

Entre le professeur et l'élève, le temps n'engendra aucune compromettante familiarité. Fernande, comprenant sa situation, ne franchissait pas les limites où la tenait le mépris d'autrui. Point de vains bavardages : une phrase, un mot suffisant à Marcelle pour juger le caractère de son élève. Un jour, celle-ci, en lui donnant des mouchoirs à broder, lui dit, d'un ton d'admiration stupéfaite :

— Êtes-vous courageuse, tout de même, de travailler, vous si jolie, si intelligente ! Voilà ce que c'est que d'avoir reçu une bonne éducation !

Elle ajouta :

— Un grand malheur, voyez-vous, de perdre sa mère ! J'étais si jeune, quand la mienne est morte, que je ne me souviens même pas de l'avoir connue.

— Travaillez donc, vous aussi, dit Mme de Champvan. Vous serez bien plus heureuse. Essayez.

— Oh !... pas possible, à présent !... Avec les habitudes que j'ai.... Songez donc !... Me priver de fumer, ne plus danser, ne plus dormir jusqu'à midi ! Vrai, je ne pourrais pas... Qu'est-ce que vous voulez ? J'ai poussé comme un champignon... Ce n'est pas ma faute ! Ah ! si j'avais eu ma mère ! Maintenant, quoi, c'est fini, je serai toujours ce que je suis....

Et Marcelle songeait, en l'écoutant, à ces deux vers de Musset :

<blockquote>
La mer y passerait sans laver la souillure,
Car l'abîme est immense et la tache est au fond.
</blockquote>

N'allez pas croire que Fernande fût toujours aussi douce. Son caractère insouciant de noceuse versatile avait parfois des surexcitations endiablées. Au piano, ses agacements frisaient la colère; n'osant se fâcher contre Marcelle, elle s'en vengeait sur les porcelaines et le perroquet. Quant au chat, assis sur le fauteuil, les paupières pliées, je vous prie de croire qu'il n'avait qu'à se bien tenir !

Un jour, dans un accès d'énervement, ses inattentions impatientèrent Marcelle, qui lui fit recommencer trois fois la même gamme. A la troisième fois, Fernande furieuse, éclata. Sa nature grossière reprit le dessus.

— N. D. D. ! cria-t-elle, faudrait pas m'emm.... longtemps comme ça !

Marcelle sentit comme un soufflet en plein visage. Elle, Mme de Champvan, insultée par une fille, une fille qu'elle plaignait, qu'elle aimait ! Son premier mouvement fut de sortir ; mais alors.... plus de leçons !... Et elle resta, brûlant ses larmes dans ses yeux, dévorant l'affront pour avoir du pain.

Seulement, la leçon finie, elle dit, en mettant ses gants :

— Dois-je revenir demain ?

— Mais oui. Pourquoi donc ?

— C'est que... Je suis si peu habituée à être traitée de la sorte.... Je ne voudrais pas que cela se renouvelât.

Fernande rougit et, regardant ses doigts pour se donner une contenance :

— Excusez-moi, dit-elle.
Elle ajouta :
— Serez-vous chez vous ce soir à cinq heures?
— Oui.
— Eh bien, j'irai vous voir.

Marcelle en arrivant pleura. Le flot des souvenirs accourut lui noyer l'âme; le peu de courage qu'elle avait eu s'évanouit. L'incertitude de sa position, l'abandon de sa vie, les tortures de cet exil, si long et sans résultat, l'étreignirent éperdument.

A cinq heures, Fernande arriva. Elle apportait des cartes de tribune pour les courses. Marcelle les refusa. Qu'en aurait-elle fait?

C'est ainsi que cette fille réparait ses torts.

Un jour, la voilà qui part pour Marseille, avec son caissier, en congé pour un mois! La peine que Marcelle eut à vivre pendant ces quinze jours! Brodant sans relâche, se tuant à ce travail qui use la vue et irrite les nerfs, et le soir découragée, désespérée, à ne pouvoir dormir, à passer une partie de la nuit à pleurer, toujours enfermée chez elle, sans autre distraction que les lettres de Maurice.

Fernande revint. Les leçons recommencèrent. Au bout de quelque temps, elle fut lâchée par le caissier. La *dèche* s'abattit sur les deux femmes. Différentes, leurs destinées étaient les mêmes. L'étoile de Fernande pâlissait-elle, l'étoile de Marcelle s'effaçait aussi. Fernande était sa *Mascotte;* cela les rapprochait encore.

Un soir, la pauvre fille arrive tout effarée ; on vient de lui saisir ses meubles pour payer son terme ; pas un sou pour aller dîner. Marcelle lui offre de partager son maigre repas.

— Je n'ai pas d'argent ; asseyez-vous... Vous dînerez ici.

L'autre n'osait pas.

— Dîner avec vous... une femme comme moi !...

Marcelle la prit par les épaules, la fit asseoir devant la petite table, où le couvert était mis. Fernande la regardait, des larmes le long des joues. Elles soupèrent ensemble, la fille perdue, méprisée, sans asile et sans amis, avec celle qui, dans sa vie de travail, ne recueillait des autres ni plus d'estime ni plus d'amitié. Et ce fut une chose navrante de les entendre parler et se consoler, ces deux déclassées, ces deux abandonnées, que la misère faisait sœurs.

Les leçons cessèrent tout à fait, Fernande ne recevant un peu d'argent que de son amant de cœur, Gaston, employé au Petit-Saint-Thomas, jeune bellâtre, stupide et fleuri comme un mannequin de Godchau et dont Fernande raffolait. A son sujet, et sur bien d'autres, Marcelle ne permettait à son élève que des confidences strictement convenables, Fernande d'ailleurs ayant assez de tact pour omettre tout scabreux détail, scrupuleuse même jusqu'à ne pas reconnaître Mme de Champvan dans la rue.

Inopinément, la belle petite tombe malade, change de logement et Marcelle la perd de vue.

Au bout d'une vingtaine de jours, la voilà qui arrive, fraîche, pimpante, requinquillée, dans une toilette d'un « chic épatant. »

— Que je suis donc contente de vous voir ! Vous savez, je recommence mes leçons.... Je viens chez vous, n'est-ce pas ? c'est convenu... Mon piano est au clou.... On le retire un de ces jours.... Vous allez voir ce que je vais travailler !... Mais regardez-moi donc ! Suis-je assez galbeuse ?

Elle raconta qu'un négociant de la rue Saint-Martin, M. Théophile (Louis-Népomucène) était en train de la redorer. Une si bonne nature, ce M. Théophile! Fernande lui avait parlé de Mme de Champvan et la vie de la maîtresse de piano avait touché ce père de famille, en escapade amoureuse.

— Il me dit toujours : « Ma petite fille, écoute bien les conseils de cette dame et sois toujours très respectueuse avec elle. »

Marcelle trouva le bonhomme, un matin, chez son élève. Gros, trapu, l'œil honnête, la barbe sanguine, accent normand, vulgaire, nal, un de ces nombreux imbéciles qui font fortune dans le petit commerce parisien. Il adorait Fernande,... une enfant pour lui. Et il la gâtait !... C'est inouï !... Toilettes, bijoux, voitures, spectacles, petits soupers....

Il fallait le voir filer, l'argent de M. Théophile !
Ce qui du reste n'empêchait pas Fernande de se
moquer de lui ouvertement. C'était même à tout
propos des scènes, des récriminations.... Elle lui
tirait la barbe, le giflait, lui arrachait ses rares cheveux. Il ne la grondait jamais, lui, supportant ces
tortures sans se plaindre, en bon papa soumis et go-
guenard. Sa colère se traduisait en encouragements
ironiques.

— Très bien, ma petite fille, très bien !... Parfait...
Elle disait de lui :

— Quel crétin, cet homme-là ! Vrai, ça devrait être
défendu d'être si bête !

Un soir, en sortant du café Anglais, Fernande
aperçoit Gaston, navré de la voir au bras du vieux.

— Une minute, je reviens, dit-elle à M. Théophile,
qui avait fait avancer une voiture.

A cinq heures du matin, cet excellent M. Théophile (Louis-Népomucène) l'attendait encore. Enfin,
on lui en fit tant, à ce pauvre homme, qu'il dispa-
rut. L'épicerie, décidément, lui réussissait mieux
que les femmes.

XXXII

L'automne vint, si triste à Paris, si doux en Provence! Marcelle eut à combattre de longues rêveries, douloureusement, insaisissablement aiguillonnantes : les bourgeois de Noirçon, qui vont faire un *tour de Cours,* dans la paresseuse tiédeur des crépuscules tombants, à l'heure où les brouillards planent autour de la ville, sur les terres lentes à refroidir; les bois qui n'ont plus d'odeur; la rouille étalée partout; les branches éventées et secouant leurs feuilles... Une universelle fatigue courbe, le soir, les rameaux des mûriers, lamés d'or, le long des routes où les mulets poudreux marchent en humant la fraîcheur des pinèdes. Comme de l'encre de Chine étendue sur un lavis, l'ombre épaissit les prairies, les pics des montagnes s'endorment dans la ouate des nuages. Je ne sais quel mystérieux amour le ciel verse alors sur la terre; mais on se sent amolli, reposé, mêlé, malgré soi, à l'invincible participation de cette tranquillité mystique, où le brouillard fume comme un encens d'église...

A cette époque, les fèves poussent, les premières aiguilles des blés sortent des sillons; au pied des arbres, les champignons veloutent leur chair de femme; le reflet des feuilles jaunies moire l'eau des rivières d'ondulements mordorés; le soleil brille dans un ciel vitreux où l'on sent passer le froid. C'est l'époque de la rentrée des étudiants. Les oiseaux volent sans cri d'un arbre du Cours à l'autre; le vent fait frouer les feuilles, poussées à midi devant les pieds des enfants sortant de l'école...

Puis, l'hiver arriva, rude saison pour une frileuse méridionale, habituée au soleil méditerranéen, à ce rayonnement chaud qu'aucune brume n'altère et qu'à peine adoucissent les froids les plus rigoureux. Au lieu de cela, les bises de Paris qui vous dévisagent, les brumes fluviales qui humectent les quais et fondent en taches noires les foules grelottantes. Et dire que tant de gens vont chercher à Paris des maux de gorge, des rhumatismes et des fluxions !... Il parut affreux à Marcelle, cet hiver-là, qui, cependant, fut exceptionnellement tiède.

Elle était contrainte, tant sa chambre était gelée, de s'entourer la tête de flanelle, pour éviter en dormant des douleurs névralgiques... Que de longues après-midi, passées à broder, devant la fenêtre! Le ciel n'était qu'un brouillard, vu le matin, revu le soir, si épais, que le soleil semblait ne jamais le pouvoir percer; le vent avait beau souffler : toujours ce

brouillard pesant sur les toits, et la pluie, la pluie!...
Marcelle allumait un peu de feu et se couchait de
bonne heure : le bois était si cher !...

Et tous les jours ainsi le ciel était sale ; la Seine
jaunâtre ; les bises tourbillonnaient. Les peupliers
du Pont-Royal claquaient au vent, qui soulevait,
quand il ne pleuvait pas, le long du quai Voltaire,
les humides feuilles des bouquins ouverts par de
rares doigts. Les jours de pluie, les toitures du
Louvre miroitaient ; le bitume du pont des Arts lui-
sait de plaques d'eau ; les murs solennels de l'Institut, battus et ruisselants, semblaient pleurer de
vieillesse. La Cité groupait dans le froid brouillard
ses clochers, ses toits, pailletements, points noirs,
demi-transparence de ville embrumée... La Seine,
fumeuse du soir au matin, secouait les bateaux dans
une eau plus lourde. Les sergents de ville encapu-
chonnés, les mains dans leurs manches, se renco-
gnaient sous les portes cochères ; et les chevaux
fendaient l'averse fouettante avec une vapeur qui
leur sortait des naseaux.

XXXIII

La position de Mme de Champvan empira. Le premier semestre du loyer étant échu, le propriétaire consentit à lui laisser la chambre au jour le jour, à condition qu'elle déménagerait dès l'arrivée d'un nouveau locataire. Avec les meubles qu'elle attendait de Noirçon et une somme d'argent que son père devait emprunter, elle garnirait un autre appartement et s'y installerait. Pour le moment, le premier venu pouvait l'expulser de chez elle. Comble de malheur, jamais Maurice n'avait été aussi pauvre ; de nouveaux emprunts à ses amis lui répugnaient. Les travaux de Saint-Sauveur absorbaient son temps et ne devaient lui être payés qu'une fois finis. S'il rongeait son frein, là-bas !.., Vous pensez ! Mais il était lié par son traité avec l'évêché. Libre, d'ailleurs, d'aller trouver sa maîtresse, où aurait-il pris de l'argent pour se fixer à Paris, avant que son parent Labanel eût assuré son avenir ? Donc, attendre...

Que de nuits, Mme de Champvan, dut passer en cauchemars, en insomnies, rêvant qu'on frappait à sa porte, qu'on la chassait! Qui l'eût recueillie? Mme Bernard? A Saint-Denis, chez sa mère. Mlle Anna? Malade depuis dix jours. Mme Arnaud? Elle n'aurait pas voulu; elle était si mal logée!... — Et malgré cette angoisse, malgré ce talonnement sinistre, il fallait sortir, broder, donner sa leçon, chercher du travail... La douleur finit par engourdir la jeune femme. Elle subit comme une fatalité l'impasse de sa vie. Le retour à Noirçon lui parut inévitable; elle n'attendit plus, pour partir, que le moment prochain où sa persévérance deviendrait matériellement impossible. Ainsi, l'habitude de souffrir l'enveloppa de désespoir accepté, comme un naufragé qui ferme les yeux pour mourir, lorsqu'il n'attend plus de salut.

Une vieille dame, Mme Lechesnel, rencontrée chez Fernande, venait la voir tous les trois jours. Un type, cette femme-là, un type hybride, curieux. Son métier? Vendeuse de lingeries à domicile, procurant des locations de chambre, plaçant des bonnes, dénichant des emplois, se chargeant de toutes sortes d'affaires, pourvu qu'elles fussent lucratives. Le placement de ses chiffons l'avait faufilée dans le nouveau quartier Bréda, rue de Moscou, rue Saint-Pétersbourg, avenue de Villiers. Elle avait, d'ailleurs, des aboutissants partout, même dans le noble faubourg. A toutes les rues, à tous les hôtels, dans tous les magasins s'accrochait un lambeau de sa vie mercantile, perpétuellement en essor dans Paris, pleine de battues, de chasses, de contre-marches, d'affaires éventées.

— Dans ce bas monde, ma chère dame, dit-elle à Mme de Champvan, si on veut arriver à quelque chose, faut s'entr'aider... Faites-moi donc vendre mes marchandises ! Je vous trouverai des leçons... Et vous savez... si je m'en mêle...

Dès ce jour, une tendresse pour la jeune femme !... Celle-ci observa chez elle je ne sais quoi de distingué, que le déclassement d'une vie nomade avait peut-être un peu exagéré, un peu teint de maniérisme turbulent et vieillot qui ne déplaisait point. On se sentait, au contraire, réchauffé à ces amabilités diffuses, à ces marques d'intérêt immodérément témoignées. Marcelle la prit pour une femme du monde, effondrée comme elle dans les dessous parisiens, déchéance sociale qui expliquait, par les frottements suspects qu'elle entraîne, les boutades cavalières, les pointes d'argot, dont Mme Lechesnel lardait parfois sa conversation, d'ailleurs toujours convenable.

Un jour, la vieille dame trouva Marcelle immobile, atterrée, pleurant dans sa chambre vide. Le propriétaire l'obligeait à quitter l'appartement ; il avait même fait porter le lit sur le carré.

— Qu'avez-vous, mon enfant ? Que se passe-t-il ?

— Je suis à la rue, dit-elle, et j'ai dix sous dans la poche.

— A la rue !... Il vous chasse ! Malgré sa promesse !... Oh ! le bourreau !... Vous, si délicate, si charmante !... Une si douce créature du bon Dieu !... Plus vite que ça que vous allez préparer votre bibelot et vous amener chez moi, hein ? Ma mère est absente... Vous prendrez sa chambre... On transportera votre lit. Je vais chercher un commissionnaire.

Elle n'alla pas chercher le commissionnaire ; elle courut chez Fernande. La fille dormait, lasse d'une nuit d'orgie, le corps fondu dans la tiédeur des draps, l'âme encore flottante au ventilement des courses en voiture. La femme de chambre venait de lui apporter son lait de poule, dont elle mitonnait la digestion jusqu'à midi. Mme Lechesnel frappa si violemment à la porte de la chambre à coucher, que Fernande se mit à crier :

— Nom d'un chien ! Qu'est-ce que c'est donc ? Qu'y a-t-il ?

— Il y a, ma fille, qu'on a chassé Mme de Champvan ; qu'on a flanqué son lit sur le carré et qu'elle est à la rue, avec dix sous dans la poche.

Fernande fit un bond.

— Pas possible !

— Levez-vous donc pour voir, si vous croyez que je mens !

L'autre sauta hors du lit. Demi-nue, la chemise

tombante, elle s'habilla à la hâte, les yeux tout grands, frémissante et indignée.

— A la porte ! Mme de Champvan à la porte ! C'est trop fort, par exemple ! Mais je ne souffrirai pas ça, entendez-vous ? Elle va venir chez moi... Elle prendra mon appartement... J'irai ailleurs, moi... Je ne manque pas d'endroits où coucher, Dieu merci !... A la rue, elle !... Et dix sous dans la poche !... Non, vous savez, elle est raide ! Hein ?... Qu'est-ce que je vous disais ?... Ce propriétaire... Une canaille !...

Mme de Champvan n'accepta pas son offre, bien entendu. Force lui fut, malgré sa répugnance, de suivre Mme Lechesnel.

La vieille dame habitait, au cinquième étage de la rue de Seine, un logement d'un parisianisme absolument bric à brac. Trois pièces : cuisine et deux chambres, dont l'une très vaste, où l'on mangeait, où l'on dormait, où l'on travaillait, la seule présentable, d'ailleurs. Elle donnait sur la rue de Seine, rue obscure, fourmillante et paraissant plus étroite, vue de si haut. Des chaises, une machine à coudre, une armoire et, sur la cheminée, un bibelotage de mauvais goût, composaient l'ameublement. Au mur, en face des deux fenêtres, un portrait à l'huile de Mme Lechesnel, luxueusement encadré, qu'elle montrait en disant avec ce ton d'orgueil que lui inspirait le souvenir de sa vie déchue :

— Voilà tout ce qui me reste de mon passé.

Elle avait deux enfants : Louisa, dix-neuf ans, brune, cheveux noirs, traits doux, excellente créature et Léon, huit ans, boulot, joli de cette joliesse moricaude et pouponne des gamins nourris de soupe, qui passent leur vie à jouer sur les trottoirs ou au grand air des quais.

C'est dans ce milieu que Marcelle allait vivre plusieurs mois peut-être. On ne se résigne pas à manger le pain d'autrui sans un serrement de cœur, sans une révolte contre la destinée. La fierté de Mme de Champvan doubla pour elle le poids de cette dépendance. Que de larmes en arrivant ! Les amitiés de Louisa, les cajoleries du petit Léon parvinrent à grand'peine à la consoler. Mais tout changement n'apporte-t-il pas une distraction ? Malgré ses terreurs d'avenir, Marcelle se prit donc à étudier curieusement cet intérieur de bohème, ce ménage bousculé et honnête, où il manquait cependant la tenue d'ordre des existences régulières.

Le matin à huit heures, Léon allait à l'école, Louisa à l'atelier. Chez cette fille le travail était une rage. Elle « trimait, » non pas seulement à l'atelier, mais, matin et soir, à la maison, renonçant aux plaisirs des jeunes filles de son âge, tirant l'aiguille même le dimanche. Son cœur s'en était desséché. Pas un éclair de jeunesse sur cette figure calme ; pas un retroussement de désir aux coins de ces lèvres figées; pas un frétillement de narines, si avidement ouvertes, à cet âge, aux caresses du soleil, à l'amour, aux joies du printemps. Les leçons de la mère, les histoires de femmes entretenues, lâchées, roulant les trottoirs et finalement misérables, avaient dressé Louisa à ne vivre que pour empiler des pièces de cent sous, à détester les hommes, à ignorer l'amour, à n'en voir que les périls, la facticité, à être, si j'ose dire, vertueuse inconsciemment. Elle travaillait, elle travaillait ! C'est celle-là qu'il eût fallu courtiser !

— Les hommes !... Oh ! là, là !... Tous des blagueurs !

Et en avant la machine ! Ils avaient beau sonner, les carillons du dimanche ; ils avaient beau voler sur Paris, chanter la joie des parties de campagne dans les taillis de Clamart, sur les pelouses de banlieues, où se roule un peuple affolé d'herbes et de sous-bois, Mlle Louisa travaillait, sans autre distraction que de s'accouder à la fenêtre ou de descendre se dégourdir les jambes devant l'Institut. Elle traversait alors le passage de la rue de Seine, débouchait en face du pont des Arts et suivait le quai de la Monnaie, jusqu'aux écluses du Pont-Neuf. Allégée à l'air, rafraîchie à l'humide évaporation de l'eau, vite, elle remontait à son cinquième étage.

Une tout autre nature, le petit Léon ! Tapageur, brusque, espiègle, chantant la *Marseillaise* comme un homme. Et les niches aux sergents de ville ! Et les batailles sur le carré, avec les gamins des chambres voisines !... Descendait-il jouer dans la rue, on l'entendait crier sur tous les paliers :

— Tu vas écopper, toi !... tu vas étrenner !...

On le trouva, un jour, frappant une grande fille bêtasse, en lui disant :

— Ramasse-moi ça, hein ? Ça t'apprendra, grande bique !... S'pèce de girafe ! Spectre à moineaux !

Une autre fois, on lui prit dans la poche un papier, où il avait écrit ces lignes précoces à une *quille* du voisinage : « Tu es jolie et je t'aime ! » Signé : « Léon. »

Avec cela, des qualités : bon cœur, adorant sa mère, jusqu'à fermer les portes pour lui éviter les courants d'air, très attaché à sa sœur et déjà aussi à Mme de Champvan. Sa mère le chérissait.... pas plus que Louisa, d'ailleurs. Elle soignait tout le monde, la vaillante femme, avec une égalité de contentement et de belle humeur qui égayait la maison.

— Je vais droit devant moi, ma chère enfant... Ma conscience,... voilà mon seul guide... Oh ! mais oui !... Tant pis pour le monde... Le monde !... Ah ! je l'en moque ! Ce n'est pas lui qui vous donne de l'argent, quand on n'en a pas ! Moi, voyez-vous pas de préjugés !... Je ne vois jamais le mal... Il n'existe pas pour moi. Le bien, le dévouement, c'est une tradition dans ma famille.... Aussi, quand j'aime quelqu'un.... Tenez... vous.... Eh bien, c'est comme si vous étiez ma fille.... Je ne me lève pas un matin, sans me dire : « Mais qu'est-ce que je pourrais donc bien faire pour la rendre heureuse ?... » Vous heureuse, c'est la moitié de mon bonheur.

Mignons bavardages, maternelles dorloteries, finissant en soupirs de regret pour son passé nébuleux, au sujet duquel elle avait des confidences !... Équipages, salons, dames de compagnie, grooms, laquais : train à la mode écroulé dans la misère.

— Ah ! quelle existence !... Quand j'y songe, madame !... Quand je me dis : N. I. ni fini... C'est dur, tout de même.

Elle racontait son mariage avec un roturier, « oui, madame, un roturier, » un être sans feu ni lieu, dont elle s'était bêtement amourachée et qui, après lui avoir escamoté sa fortune, l'avait plantée là, sans crier gare. Un parent à elle l'avait recueillie, un parent très riche....

Ici, plus de noms, plus de dates, le labyrinthe de Crète. On perdait le fil. Des monosyllabes seuls trahissaient une vie étincelante de luxe, de bijoux, d'élégances parisiennes, réceptions, lunchs, courses, dîners de gala, saisons de bains...

Paris est plein de ces existences mystérieuses et indéchiffrables, sans point de départ ni dénouement, qui s'en vont à vau-l'eau, au hasard des occasions et des expédients, toujours recommencées, toujours défaites, où l'honnêteté à l'air équivoque, où tout est pacotille, et qui disparaissent dans les cinquièmes dessous, lorsqu'elles n'atteignent pas l'équilibre ordinaire de la vie sociale.

XXXIV

Noirçon. Jeudi matin.

. . . .

« Ta robe, tes yeux, ta bouche, ton cher corps, mais c'est ma vie, cela, autant que ta tendresse!... T'oublier, me rassasier de toi ! Y songes-tu ? Mourir, notre amour ? N'y avons-nous pas mis tout ce que deux créatures y peuvent mettre de délicatesse, d'affection, de volupté ? C'est l'idéal pour tous les deux, cet amour-là : pour toi, femme, que j'ai prise, que j'ai animée, et pour moi qui ne croyais pas, même en rêve, qu'une telle union fut possible. Et puis, ce qui nous lie, vois-tu, ce qui nous lie plus que nos souvenirs, plus que nos étreintes, c'est notre âme, c'est notre honnêteté inébranlable, qui défie l'absence....

« Va, je rachèterai un jour tes douleurs ; je te paierai en caresses le mal de ta vie... Tu ne sais pas toutes les vénérations que je te garde ! Je ne t'ai pas dit encore combien je t'aime, combien je t'admire et je t'estime, ma femme, mon amie, ma chère maîtresse ! Ah ! je meurs du besoin de te voir, de mêler nos lèvres, de cacher ma tête sur ton sein, pour y mourir de bonheur, mes yeux dans les tiens... Jamais créature n'aura été aimée ainsi, ainsi idéalisée, ni plus respectée, ni plus follement désirée. Allons-nous être heureux, bientôt ! Vrai, je vais te tuer de baisers, toi si belle, si bonne, si pure, toi qui supportes l'exil, la misère, le travail, toi dont la grandeur et l'héroïsme ne seront jamais connus que de Dieu et de moi....

« Je m'arrête... Je me sens défaillir... J'ai soif de toi, de tes bras blancs, de tes cheveux noirs dénoués, de tes enlacements, de tes délires d'âme. Ne m'appelles-tu pas, toi ? Ne meurs-tu pas de félicité, à l'idée seule de me revoir ?... Tu es mon Dieu, Marcelle, ma beauté, le but de ma vie, la foi en l'avenir, l'humaine et séraphique créature que tout homme désespère de rencontrer... Et rien qu'à songer ce que tu souffres, pauvre méconnue que tu es, je me sens des larmes aux yeux et le respect me venir au cœur, un respect profond, à n'oser t'aimer, à m'en croire indigne, moi qui t'ai méprisée aussi, autrefois, et qui t'en demande ici pardon à genoux... »

XXXV

Mme de Champvan, ne recevant ni ses meubles ni l'argent attendu, s'accoutuma à cette vie étrange et remercia Dieu de lui avoir offert cet asile. Sa vie fut la même tous les jours : donner sa leçon à Fernande et broder, seule dans la grande chambre, où la regardait toujours le portrait en pied de Mme Lechesnel. En travaillant bien, Marcelle gagnait, y compris l'argent de Fernande, soixante-dix à quatre-vingts francs par mois, remis presque intégralement à Mme Lechesnel.

Quel ennui pour Maurice de savoir sa maîtresse chez cette inconnue. « Que faisait Mme Lechesnel? Ses fréquentations? Ses moyens d'existence ? » De loin, les choses dont on a peur grossissent terriblement. Marcelle rassurait son *petit mari :* « Rien de mal, ici, rien de louche, rien de compromettant.... Jamais un homme dans la maison... Ménage tout à fait correct... Louisa va à l'atelier ou travaille chez nous... Léon va à l'école.... Nous causons, nous balayons… Enfin, d'après ce que je vois, je tiens Mme Lechesnel pour une honnête femme. Que serais-je devenue sans elle ? Elle est charmante pour moi. Je lui donne ce que je gagne, c'est vrai ; mais n'est-ce pas juste ? »

Maurice connaissait trop bien sa maîtresse pour douter d'elle. Il fut, du reste, renseigné, dans de longues lettres, où étaient minutieusement détaillés les journées remplies par les soins matériels, les causeries, les repas, les ravaudages de femme, les leçons données, les *ratas* du soir, préparés, manches retroussées, devant le fourneau. Comment ne pas se montrer reconnaissant envers Mme Lechesnel ? « Si je me trompe, se disait-il, elle mérite encore mon estime pour la réserve et le respect qu'elle témoigne à Marcelle ; si, au contraire, cette dame est irréprochable, je ne puis trop la louer ni trop la remercier. »

Malgré cet asile, les choses n'allaient pas mieux pour Marcelle. Comme autrefois, les impossibilités, les obstacles barraient son chemin. Elle avait beau courir les brodeurs, elle était souvent sans travail. Que devenir si Fernande lui manquait ? Rester chez Mme Lechesnel sans rien gagner ?… La vieille dame lui cherchait bien des leçons ; mais c'étaient, la plupart du temps, des élèves fantasques, au bout de huit jours quittant la musique pour le dessin, des combinaisons qui échouaient, des positions douteuses, gâtismes de vieux beau à soigner, institutrice chez un marquis de Villemer : insuccès, déconvenues, qui abattaient Marcelle dans une concentration de tristesse égarée, fixe, abrutissante.

— Soyez donc gaie ! s'écriait Mme Lechesnel. N'êtes-vous pas bien ici ? Que vous manque-t-il ? Quand vous pleurerez jusqu'à demain, ça ne changera rien, n'est-ce pas ? A quoi bon, alors ? Faut jamais désespérer, ma petite.

Une chose consolait Marcelle. C'étaient les lettres de Maurice, lues le soir, dans la chambre silencieuse, les tièdes larmes versées sur l'oreiller, en songeant à l'amour qui la protégeait et qui, plus que toutes les ressources pécuniaires, l'aidait à vivre. Il lui envoyait tant de passion, tant de courage ! Et puis, quinze jours, un mois encore, il touchait l'argent, il recevait sa carte de circulation et il arrivait ! Ah ! sans cet espoir, n'est-ce pas que vous seriez morte, Marcelle ? Mais cette idée : il va venir ! vous soutenait, et en y songeant, vous tiriez l'aiguille d'une poussée plus légère, devant Mme Lechesnel qui vous surveillait dans son cadre.

La vieille dame l'encourageait avec des paroles de consolation pittoresque, lui prodiguait mille petits soins, lui parlait de la tenacité dont la jeunesse doit s'armer, lui énumérait les qualités nécessaires pour réussir. L'économie, d'abord... Elle était d'une économie !...

— L'argent ! l'argent ! répétait-elle. Inouï, madame, ce qu'il faut d'argent pour nourrir une famille!... Si le bon Dieu ne nous tire pas de là !

Quand Marcelle revenait de sa leçon, les jours de pluie, les bottines boueuses, le chapeau trempé d'eau, elle était reçue avec enthousiasme.

— Ma chère petite dame, que vous êtes donc admirable! Tenez, laissez-moi vous embrasser.

Elle devint peu à peu plus expansive, plus confidentielle. Sa loquacité rendit son passé plus mystérieux. Marcelle soupçonna qu'elle avait eu sa vie mêlée au clinquant doré de l'Empire, à la volée élégante du high-life dont le duc de Morny a été la personnification la plus aimablement raffinée.

Quelquefois, à table, les pleurnicheries du petit Léon, les réflexions de Louisa interrompaient son énigmatique monographie.

— Mais laissez-moi donc parler, mes anges, leur disait-elle doucement... Voyons, toi, mon chat, qu'est-ce que tu veux ? Du bœuf ?... Ma petite dame, donnez-lui donc encore un morceau de bœuf !... Et toi, ma poulette ?... Déjà plus faim ?... Où donc en étais-je ? Vous m'avez interrompue... — Comment! Mais vous ne mangez pas, madame de Champvan.... Faut manger, faut faire provision de santé....

Aimable, avec cela. Jamais d'emportement, sauf quand ses clientes lui fermaient leur porte ou refusaient sa marchandise.

—Croyez-vous, madame!... S'être promenée au bois

en landau et être obligée de s'incliner devant cette voyoucratie !

Ou bien encore :

— Quelle râleuse, cette Mme Louis !.. Refuser de me payer. « J'ai pas d'argent !... » Pas d'argent, elle ! Si elle croit que je coupe dans ce pont-là !... Enfin elle m'a reçue, au moins.... C'est pas comme Mme Dervau, qui m'a fichue à la porte.... En voilà une, par exemple dont j'ai plein le sac.

La veille du jour où arrivèrent les meubles de Marcelle, Mme Lechesnel entra triomphalement.

— Cette fois-ci, ma fille nous tenons quelque-chose... et quelque chose de sérieux.... Une dame... Rue Bellechasse, 20.... tout ce qu'il y a de plus comme il faut..... Elle vous trouvera un emploi .. Vite, un brin de toilette.... Et allons-y gaiement !

Marcelle s'y rendit, n'espérant rien. Au troisième étage du numéro indiqué, on l'introduisit dans un salon, où une femme d'une cinquantaine d'années était allongée sur une causeuse. Elle avait de petits yeux, les cheveux blancs en tire-bouchons, le nez tombant : tête aristocratique, demi-moderne, demi-régence, qu'on aperçoit au Bois, par les portières des coupés, ou au fond d'une loge, les jours de premières.

Mme Armenin (c'était le nom de la dame), examina Marcelle des pieds à la tête, à travers le verre d'un binocle d'or, négligemment tenu entre le pouce et l'index. Les questions commencèrent. Sa voix était gutturale et douce : une étrangère, une Russe, peut-être ? Marcelle raconta sa vie, simplement, avec une franchise de paroles, une vérité d'émotion qui gagnèrent Mme Armenin.

— A la bonne heure, dit-elle en se levant. On ne m'a pas menti. Vous êtes la plus honnête femme que je connaisse, ma chère enfant.... On m'avait bien conté cela... Mais, à Paris... On se méfie tant !... J'ai voulu vous voir, causer moi-même avec vous..... Ainsi donc, vous n'avez abouti à rien jusqu'ici ?... Et malgré cela vous avez du courage... vous voulez travailler, vivre honnêtement ? Savez-vous que c'est très beau, cela ?... C'est si beau, tenez, que je vous admire et que je veux vous aider..... Il faut d'abord sortir de chez Mme Lechesnel, entendez-vous ? et prendre un appartement.... J'en ai justement un sous la main, qui ne vous coûtera rien. Il était loué pour ma nièce.... Elle ne vient pas... son mari est tombé malade.... L'appartement est donc libre pour quelques mois.... Rue Paul-Louis-Courrier, au coin de la rue du Bac... Vous verrez, c'est gentil.... Avez-vous un lit ?

— Oui, madame. J'ai même reçu mes meubles.

— Oh ! mais c'est charmant, alors, du moment que vous avez des meubles !... Ainsi, c'est convenu, vous faites transporter vos meubles, n'est-ce pas ? et vous vous installez comme chez vous... Pour le reste,

soyez donc tranquille. Je vous trouverai du travail,
moi... Eh bien ? Quoi ? Qu'est-ce que c'est ?

C'était Marcelle, debout, toute tremblante, qui voulait parler, qui ne pouvait pas et qui ne parvenait qu'à balbutier le même mot : « Merci, merci..... »

XXXVI

(Extrait du journal de Marcelle.)

La Ballade.

...Je rentre de mes courses et je ris encore toute seule d'un mot de Fernande, oh! mais un mot!

A deux heures, j'arrive chez elle. La leçon commence ; on apporte une lettre de M. Théophile. Inconsolable, ce vieux, d'avoir été lâché ! Il lui écrit, tous les deux jours des lettres ! De la passion échevelée et prudhommesque, à dérider un académicien... Pas beau, le style de M. Théophile, mais si ému !... Tu vas voir.

Fernande se met à lire la lettre, datée de la campagne... Quand je dis « lettre »... Une ballade copiée dans un keepsake... Dame ! la campagne, l'occasion, l'herbe tendre.... Le malheur, c'est qu'on ne donne pas dans ces pastorales, au quartier de l'Europe.

— Est-il bête, mon Dieu ! disait Fernande. Est-il

crétin, cet homme-là ! Vieille croûte, va !... Je vous en prie, madame, écoutez ça... Faut-il qu'il soit toqué, ce vieux !

(*Lisant.*)

« Ma petite fille,

« C'est aujourd'hui jour de fête. Partout la joie :
« dans l'air que je respire, comme sur le visage de
« ces bons campagnards qui passent pour aller en-
« tendre la messe... Je songe, seul sous les arbres...
« Le son des cloches m'apporte l'écho du passé, et
« leur voix semble me dire qu'il n'y a plus de bon-
« heur pour moi depuis que ma Fernande m'a quitté ! »

(*S'interrompant.*)

— Est-il rasant, hein ? Attendez donc.... C'est pas fini.

*
* *

« J'ai prêté l'oreille au babil gazouilleur du ruis-
« seau qui serpente dans les verts gazons, aux ca-
« resses des folles brises qui effleurent les arbres,
« emportant mon âme dans le rhythme de ses plain-
« tives symphonies... Et toutes ces voix de la nature
« se sont unies pour me dire qu'il n'y a plus de bon-
« heur pour moi depuis que ma Fernande m'a quitté. »

(*S'interrompant.*)

— Mais que c'est donc bête !... Remarquez-vous ?... A son âge !... Attendez donc !... Encore un chapitre.

* *

« J'ai suivi en son vol le papillon diapré ; j'ai vu
« passer les fugitives hirondelles. Le rossignol, caché
« sous la feuillée, égrenait ses notes harmonieuses...
« Triste et sombre, j'ai écouté, pour me distraire, la
« voix du mignon chanteur qui semblait me dire :
« Il n'y a plus de bonheur pour toi, Théophile, de-
« puis que ta Fernande t'a quitté. »

(*S'interrompant.*)

— Je vous demande un peu si le rossignol lui a dit tout ça.

Ce que j'ai ri!... J'en ai oublié mes ennuis... Ce pauvre M. Théophile, tout de même! Un père de famille qui a une femme et des enfants !...

(*Extrait du journal de Marcelle*).

LES RENCONTRES.

L'autre soir, j'attendais Mme Bernard dans la galerie Montpensier, devant Chevet. Je vois un monsieur raide, vieux, gris, qui passe et repasse devant moi... Je m'arrête,... Je regarde les fruits, mon seul dessert, le plus souvent... Voilà mon monsieur qui s'arrête aussi, qui se plante à côté de moi et qui s'écrie sans me regarder :

— Doit-on s'ennuyer, quand on est seule!

J'ai eu l'air de n'avoir pas entendu. J'allais m'éloigner, quand la même phrase m'arrive à l'oreille :

— Doit-on s'ennuyer, quand on est seule !

Je n'y tiens plus, je me retourne, je lui crie en plein nez :

— On doit bien plus s'ennuyer avec vous!

Tu n'as jamais vu un vieux pirouetter si rapidement... Il a filé, raide, la canne sous le bras.

Ce n'est pas la première fois que ces choses-là m'arrivent. Dernièrement, un autre vieux m'a suivie, depuis la rue de la Paix jusqu'au Pont-des-Arts... Je n'osais me retourner, ne voulant point paraître m'en apercevoir... A la fin, j'ai fait volte-face.

— Mauvais gâteux, lui ai-je dit, voulez-vous que je vous fiche dans la Seine ?

Il est resté bouche béante, ahuri... Raymond du Palais-Royal. Je l'ai laissé sur le Pont... Il doit y être encore.

Une autre fois, en plein jour, rue Auber... un gommeux... avec ce costume des cochers d'il y a dix ans... stick, veston, chapeau évasé,.. J'entendais derrière moi :

— Châmante, chic épatant ! Est-elle juteuse !

Je mordais mes lèvres pour ne pas rire.

— Mon pauvre ami, ai-je répondu, si vous pouviez voir l'air bête que vous avez !...

Il a fait un signe de tête et toujours en souriant il a répété :

— Châmante, châmante... Chic épatant!

Il n'a cessé sa poursuite que devant ma menace d'appeler un sergent de ville... Malgré cela, je l'entendais qui disait encore en s'éloignant :

— Châmante... Chic épatant !...

C'est un peu fort qu'on ne puisse faire un pas dans Paris sans être suivie ou accostée par quelqu'un.

XXXVII

Savez-vous ce qui se passait à Noirçon?
Une chose énorme.

L'idée que Mme de Champvan était obligée de travailler pour vivre, fit supposer qu'elle était entretenue. Elle avait eu des amants par amour; à plus forte raison par nécessité. Les riches se résignent-ils à être pauvres? Renoncer au confortable, aux élégances, quand on a promené sa paresse dorée dans les villes d'eau et sur les plages à la mode! Une femme si orgueilleuse, de caractère si décidé!... Une si svelte, une si jolie coquette, derrière un comptoir ou tirant l'aiguille dans un atelier?

— Permettez : on n'est pas si gobeur, en province... Maîtresse de piano, leçons de français, à Paris, avec deux ou trois recommandations banales... Laissez-nous donc tranquilles!... Nous savons ce que c'est, la vie!

Car ils s'imaginent la connaître, la vie, ces ratatinés qui ne sont jamais sortis de leur trou natal, ces enfouis qui jugent l'amour du fond de leurs vieux hôtels, ces empaillés qui n'ont pas une lueur, pas un rayonnement dans l'âme, rien qui puisse leur donner la clef des grands caractères ni même leur faire supposer qu'ils existent. Le malheur, c'est qu'on trouve toujours, pour les croire, des naïfs et des écouteurs, qui, n'ayant pas assez d'idées pour juger celles d'autrui, prennent l'aplomb pour de l'expérience et les affirmations pour des preuves. Ceux-là, naturellement, faisaient chorus.

— Jolie et pas le sou!... Oh! là, là!... On sait comment ça finit!...

Mais les répulsions d'une femme; mais son honnêteté souvent naturelle, innée, sans mérite même, quelquefois jusqu'en pensée exempte de défaillances!... — Des blagues!... L'exception!... — C'est si rare, c'est si peu de chose, une exception!... On la néglige, on ne la compte pas, comme si elle n'était pas un côté de la vérité, le plus digne de recherche, étant le plus difficile à découvrir. Ce sont ces dames surtout qu'il fallait entendre! Vous tranchaient-elles le cas dédaigneusement, sans appel, sans se douter même que faire si bon marché de la vertu d'autrui, c'est, en somme, donner une mince idée de la sienne.

— Des leçons de piano!... Mais ma chère, j'en connais, moi, à Lyon et à Bordeaux, des dames qui ne demanderaient pas mieux que d'en donner, des leçons de piano ou de français!... Eh bien c'est extrêmement difficile !... Les bons professeurs accaparent tous les élèves... Jugez donc à Paris !...

— C'est clair ! reprenaient en chœur ces messieurs... Et puis, quoi !... Madame de Champvan... nous la connaissons, hein ? On sait ce qu'elle vaut. Le nom de ses amants n'est un secret pour personne... D'abord ce pauvre Hector, le premier, a-t-il été parfait de tact et de résignation ?... Et cet imbécile d'Oscar ? L'a-t-elle assez affiché, oui ou non ?... Et machin, Alfred... Oh ! celui-là, à moins de le faire constater par la police...

Parmi ces beaux parleurs, odieux s'ils n'eussent été niais, pas un, bien entendu, qui eût touché Marcelle du bout des doigts, qui pût dire : « J'ai eu cette femme », ou seulement : « Elle m'a écrit, elle m'a serré la main. » Il n'y en eut qu'un, qui crut trouver dans une lettre, à lui adressée, un ton équivoque autorisant l'insolence. Mal lui en prit, à celui-là : il ne se vanta jamais de la cruelle façon dont on le mit à sa place.

Leur mépris, à tous, n'était qu'une opinion empruntée à d'autres. Pas un qui en eût personnellement la preuve. Croire un mensonge à force de l'entendre : je signale ce fait aux admirateurs de bêtise humaine.

Quelques-uns poussaient l'aplomb jusqu'à dire :

— Cette femme-là, mon cher ! avec deux louis vous l'aurez quand vous voudrez.

Et jamais personne qui eût tenté l'aventure avec ses deux louis.

« Huit jours de ma vie à leurs femmes et à leurs sœurs, écrivait Marcelle à Maurice, et elles raccrocheront sur le boulevard. »

Les hommes qui bavent sur une femme se divisent en plusieurs catégories : les éconduits, comme Paul de Gérard des Rougeraies; les dédaignés, qui mendient du regard, qui se déclarent à demi, qu'on tient à distance; les inaperçus, qui font la roue, qui pistent une femme, se démènent, la suivent, saluent inutilement et aboutissent à n'être pas remarqués ; les dépités, qui se vengent de n'avoir pas une femme, en affirmant que d'autres l'ont eue; ceux qui pensent que lorsqu'on a un amant on en a dix, sans se douter qu'en général, on n'en a plusieurs que parce que le premier vous a lâchée; ceux qui, n'ayant eu que les femmes de tout le monde, sont bien aises de vous croire trompé; ceux qui s'imaginent de bonne foi qu'on ne peut gagner sa vie sans se faire entretenir; les imbéciles qui répètent une calomnie pour le plaisir de la répéter; enfin les incompétents, ceux qui n'entendent rien à l'amour, ceux qui nient l'estime entre amants et qui poussent la bégueulerie prudhommesque jusqu'à appeler la maîtresse une « concubine ! »

Ajoutez ceux qui ne savaient pas ce que Marcelle était devenue.

— Où est-elle ? De quoi vit-elle ?

Faute d'explication, ils donnaient la leur.

Maurice ne pouvait pourtant pas porter à domicile l adresse de Madame de Champvan ; détailler au public ses luttes, ses désespoirs, finalement sa situation éclaircie à force de courage ; il ne pouvait, non plus, les leur lire, ces longues pages navrées et déchirantes, reçues tous les jours, qui eussent ému un roc ; il ne pouvait raconter à tout le monde le caractère indomptable et fier de Marcelle, son énergie dans l'épreuve, son mépris de l'argent, sa pauvreté sans envie, sa chambrette de la rue des Saints-Pères, les bottines éculées, les repas faits d'une tranche de pain et d'un morceau de fromage !,..

Ah ! s'il leur avait dit tout cela, à ces blagueurs, s'il les leur avait lues, ces lettres d'angoisse où la tendresse éclatait à chaque ligne, peut-être eût-il désarmé la calomnie ! Et encore ! Qui sait si le flot du mépris n'en serait pas monté plus haut ? Il y a des vérités qu'on ne vous pardonne pas d'avoir dites ; nous valons si peu de chose, tous, tant que nous nous sommes !

Ne faut-il pas, d'ailleurs, un aliment aux pudibondes conversations des « femmes honnêtes, » aux potins du monde, aux cancans des ouvroirs et des patronnesses de charité ?

Dans les commencements, Maurice, trop jeune pour avoir l'inaccessible dédain des hommes supérieurs, sentait des besoins d'éclater, des démangeaisons de soufflets au bout des doigts :

— Une preuve ! criait-il, une preuve ! Une seule !... Quelqu'un qui ait *vu !* Qu'on me dise : j'ai été son amant ! Voici ses lettres. A la bonne heure !... Mais affirmer qu'on est la maîtresse de M. X ou de M. Z, parce qu'on a fréquenté M. X et M. Z. Franchement, c'est trop commode. Quinze cents francs à celui qui m'apporte une preuve ! — Soyez tranquille, je les trouverai.

Des preuves ! il n'y en avait point : des inconséquences, tout au plus, une insouciance absolue de sa réputation : voilà pour le passé; quant au présent, à sa vie à Paris, la calomnie pataugeait en pleine hypothèse. Quelques personnes de Noirçon, de passage dans la capitale, avaient pourtant rencontré Marcelle, entre autres un monsieur qui la suivit et monta avec elle en tramway. Mme de Champvan l'apostropha.

— Dites donc ! Quand vous aurez fini de me suivre !...

L'autre s'excusa.

— Vous vous méprenez, madame !... J'ai appris que vous étiez malheureuse. Si je pouvais vous être utile ?...

— Vous vous imaginez donc être utile à quelque chose, vous et vos pareils? Je n'ai besoin de personne, sachez-le ! Le pain que je mange, je le dois à mon travail. Je suis pauvre, mais je puis regarder tout le monde en face, et je vous défends de me suivre, entendez-vous ?

Deux jours après, le monsieur fumait un cigare au cercle de Noirçon et, le dos appuyé contre la cheminée, il parlait de Mme de Champvan, qui vivait, disait-il, chez une femme nommée *Degesnel*, de mœurs et de métier plus qu'équivoques.

— Peuh ! conclut-il, en haussant les épaules, une grue qui fait sa bégueule, concevez-vous ça ?

Mœurs étranges, qui paraîtront invraisemblables à ceux qui habitent des maisons de trois cents locataires, dans les cités où, dès le trottoir, nul ne se connaît et, par conséquent, ne s'occupe du voisin. Mais, dans les petites villes, le cancan ! C'est la vie même, l'unique consolation de ces existences figées. Et jusqu'où l'on y pousse le flair du scandale, la recherche des découvertes véreuses ! C'est à croire les toits translucides ou enlevés par le diable de Lesage. On y vit portes ouvertes. La rage d'indiscrétions, le bavardage à outrance est une maladie du sol, comme les fièvres de la campagne romaine. Ne pas s'occuper d'autrui est aussi impossible à certaines gens qu'au poisson de vivre hors de l'eau. J'ai vu des bourgeoises, loin de leur ville natale, se mourir de la nostalgie des potins.

Passe encore, si cette incurable monomanie se limitait aux radotages anodins, à des conversations mollusques sur la dot d'Adélaïde, sur les huiles, les fers, les savons, sur le chiffre d'affaires de M. Balandard, sur la « jolie position » de M. Coquendier. Cela ne fait de mal à personne. L'argent étant le pivot de la vie sociale, on conçoit ces sortes de parlotages bénins. Mais se rapetisser jusqu'au dénigrement; mais être des calomniateurs parce qu'on est des désœuvrés et tuer la réputation d'autrui, sous prétexte de tuer le temps, c'est infâme! Maurice ne le comprenait pas. Ne s'occupant de personne, il vivait, absent de Noirçon, avec sa maîtresse, dans une solitude d'amour, inaccessible aux insultes, enfermé dans l'orgueil blessé de ses certitudes, dans un aparté dédaigneux qui faisait dire :

— C'est un jocrisse. Il croit que c'est arrivé.

XXXVIII

Avez-vous jamais vu une femme, au piano, éparpiller d'une main volante sur le clavier le forte final d'une valse, se retourner brusquement et tendre sa tête, ses yeux, sa bouche, à l'amant, debout derrière elle, extatique et admirant?

Ainsi se tenait Marcelle devant Maurice. Le soleil, entrant par la fenêtre ouverte, brouillait l'air de la chambre d'une limaille de rayons, d'un soulèvement d'atômes lumineux, qui lustrait de blanc les cheveux de la jeune femme et faisait rayonner le pied verni du pouff. Les coins des meubles, les dormants des portes étincelaient. Bien qu'en hiver, l'atmosphère chaude était chargée, comme en avril, de mille choses impondérables et bourdonnantes. — Un temps exceptionnel pour Paris.

Maurice la prit à deux mains, cette tête aux noirs cheveux, penchée vers lui; ses lèvres burent à ces lèvres ouvertes; ses yeux s'emplirent du reflet de ces yeux ardents, tandis que les deux mains de sa maîtresse se nouaient par-dessus les épaules du jeune homme, dans la pose amoureusement arrondie que le ciseau de Canova a rendu célèbre. Quelle journée suave pour s'aimer, presque méridionale, si douce, qu'on se fût assoupi sans parler, pour vivre de rêve, pour s'engourdir l'âme de mol ensoleillement.

Marcelle s'était remise au piano. Elle jouait les airs de là bas, les airs favoris de leur vie ancienne. La lente évocation de la musique, ressuscitant entre eux des caresses troublantes et des voluptés oubliées, ils éprouvaient je ne sais quel regret savoureux à se rappeler leur beau passé ; — car le passé toujours se rajeunit et s'idéalise.

Maurice délirait! Elle était donc là, sa maîtresse, douce, enfantine, obéissante; il n'avait qu'à s'incliner pour la sentir palpiter en lui. Il ne disait rien, absorbé par le mouvement de cheveux et le balancement d'épaules qu'ont les femmes au piano. Marcelle était loin déjà, emportée en songe dans l'hôtel de Champvan, où Maurice, sceptique et vaincu, s'agenouillait devant elle, palette en main, peignant son portrait. Ramenés aux mêmes contacts de pensées, ressaisis des mêmes joies, les deux amants s'évadaient de Paris, pris tous les deux d'un étourdissement de bonheur... Puis, Marcelle s'interrompit de jouer et laissa muettement tomber ses bras sur ses genoux. Fléchissait-elle, fleur trop chargée de pluie, sous le poids de sa félicité, ou voulait-elle ramener au présent sa rêverie vagabonde? Mutisme adorant! Minute de repos anéanti!

Elle prit la main de Maurice :

— Venez là, dit-elle.

Et l'enveloppant de regards, avec ce sourire où se lisait un amour toujours plus fort, toujours plus irrassasié, elle l'attira contre elle, en plein soleil, devant la fenêtre, où tous deux, dans la mêlée de leurs lèvres, burent des baisers et des rayons.

Le soleil noyait vis-à-vis la rue du Bac. A la jonction du boulevard Saint-Germain, sous la fenêtre même de Marcelle, on distinguait en détail la remuante agitation des voitures et des personnes, le va-et-vient du bureau de poste, les nounous assises sur les bancs avec leurs bébés. La circulation, à cet endroit de Paris, est proprette, affairée, point encombrante, de bon ton. L'aristocratie du faubourg lui donne un cachet de retenue très particulière. Rien d'assourdissant. Pas trop d'omnibus; de l'air, de l'espace et toujours les mêmes passants qui, vus du quatrième étage, où était Marcelle, ressemblaient à une procession de poupons mécaniques. Plus loin, vers le Pont-Royal, le remuement de la foule s'engouffrait dans le coude de la rue du Bac, et l'on apercevait par-dessus les toits un écriteau-réclame, planté sur une terrasse et portant ces mots : *Au petit Saint-Thomas.*

Marcelle s'enquit de son père, de sa mère, de ses amies, des ressorts humains qui vivaient là-bas, de Gerbeaud : « Aïe papa ! oui, monseigneur, certes !... » de Malanne : « Octave, j'aime ta femme. Ça ne peut pas durer. » Et les autres, ceux qui la méprisaient, les hommes, ne lui pardonnant pas ses dédains, les femmes, ne lui pardonnant pas son orgueil. Elle écoutait Maurice avec des moues et des yeux admirants dont l'attention s'adressait à lui plutôt qu'à son récit..... Une nuit blanche avait un peu détendu leurs traits. Leurs lèvres lourdes, leurs paupières agrandies, la paresse de leurs poses trahissaient le plaisir assouvi. Et pourtant, ils avaient soif encore l'un de l'autre : on le devinait à l'étreinte de leurs mains, à la recherche de leurs bouches, dès qu'ils s'approchaient. Accroupi devant sa maîtresse, il posa sa tête sur ses genoux. Front contre front, elle se mit à le bercer, à le dorloter comme un enfant, à lui parler à voix chuchotante ; et il répondait aussi à voix basse : duo d'amour, besoin de tout dire, fièvre de paroles, passion débordée !

Ils visitèrent l'appartement, très beau, ma foi ! Trois pièces : salon, cuisine, chambre à coucher, le tout meublé avec les meubles de Mme de Champvan. Non seulement Mme Armenin logeait Marcelle, mais elle lui avait déniché deux leçons : une d'anglais chez une demoiselle, rue Jacob, l'autre de français, rue de Sèvres. Y compris l'argent de Fernande, cela portait les appointements de Marcelle à cent francs par mois. Du reste, avec ses meubles seuls elle était sauvée.

— C'est bien simple. D'abord, le loyer de Mme Armenin va expirer? Sa nièce ne vient pas. Mme Armenin ne renouvellera certainement pas son bail pour mes beaux yeux, n'est-ce pas ?... Me voilà donc obligée de quitter cet appartement. Oui, mais j'en ai un autre en vue, rue Monge..... 800 francs par an..... quatre pièces, et une cuisine.... Je le loue....

— Tu le loues ; mais l'argent !

— Nigaud ! et mes meubles donc !

— Comprends pas.

— Il ne comprend pas !... Voyez-vous ce grand artiste !... Trop terre à terre pour lui. Il ne comprend pas !

Elle lui prit la tête à deux mains, lui emporta les lèvres d'un baiser et assit son amant sur ses genoux :

— C'est pourtant bien clair..... J'ai des meubles, n'est-ce pas ?

— Oui.

— Et de jolis meubles, hein ?

— Merci en palissandre ciré, rien que ça de chic !

— Il y en a bien pour 1,800 francs ?

— Est-ce que tu comptes les porter à l'hôtel des ventes ?

17

— Non, mais je compte les donner en garantie pour emprunter de l'argent... Suppose qu'on me prête 400 francs ?

— Bigre !... 400 francs !...

Elle eut un éclat de bonheur et frappa des mains.

— Affaire faite, mon cher ! Le marchand de meubles est venu : sur simple garantie de Mme Armenin, il me les prête, ces 400 francs.

— Pas possible !

— La vérité ! Je te l'ai écrit...

— Oui, mais il demande les meubles en gage ?

— Naturellement ; mais il ne m'enlève rien. Les meubles restent chez moi. La parole de Mme Armenin suffit.

— Ah ! ça, c'est fabuleux....

— Ne m'interromps pas ; suis bien mon raisonnement, dit-elle, suspendue à son cou, les yeux dans ses yeux. Ça fait 400 francs, hein ? Bon !... J'engage, en outre, mon piano. Le même marchand me prête là-dessus 250 francs. En tout 650 francs. Y es-tu ?

— Oui.

— Eh bien, avec ces 650 francs je loue mon appartement.... 250 francs pour le premier semestre.... J'achète encore quelques meubles, moyennant quoi, je sous-loue trois chambres qui me rapporteront bien, l'une dans l'autre, 100 francs par mois... Rue Monge.... toujours loué.

Maurice était abasourdi.

— Sapristi ! mais ces 650 francs, comment les rembourser ?

— J'ai souscrit des billets pour 50 francs par mois. Or, ces 50 francs, mes chambres me les payent, entends-tu ? intérêts compris. Il me reste 50 francs de bénéfice. Ajoute le produit de mon travail... broderies... leçons... J'arrive... Je puis attendre. Et note qu'une fois les 650 francs payés, c'est-à-dire une fois les nouveaux meubles bien à moi, l'argent de mes chambres constitue un vrai revenu, provenant d'un vrai capital. Je fais venir papa et maman, je les loge à Passy.... et nous vivons ensemble ou à peu près.

Ce plan, Marcelle l'avait écrit à Maurice. Mais quelle folie de joie, quand il l'eut compris, quand toutes les objections furent réfutées. Il renversa Marcelle ; ils dansèrent ensemble une ronde folle en se tenant par la main ; le piano recommença ; et toute la maison s'emplit d'airs de valses et de gaieté bruyante.

XXXIX

Les premiers jours, ils ne sortirent pas. Il suffisait à Maurice de voir ses bottines, sa robe grise, son corsage gonflé, de se griser de séduction féminine : gestes doux, penchements de tête, poignets blancs, plis d'étoffe, chaste enveloppement du corps aimé. La matinée, ils la passaient dans les bras l'un de l'autre, dormant de ce sommeil conscient, qui n'est que la volonté engourdie dans la plénitude du bonheur. Les paupières fermées, ils se sentaient vivre et aimer, à leur souffle courant sur leurs joues, à l'enlacement de leurs mains moites, à leurs cheveux caressant leurs tempes. Marcelle trouvait à Maurice une beauté d'homme plus mûre, un amour plus raffiné, mieux senti : c'est qu'en effet, il s'était accru, cet amour, de toutes les souffrances de leur exil, de tous les désirs, de toutes les fièvres d'âme et de chair qu'avivaient quotidiennement leurs longues lettres. Maurice avait rapporté de cette absence un besoin nouveau de plaire, d'outrer son bonheur ; il aurait voulu, tant il aimait cette femme, être à elle davantage, plus irrévocablement. Et elle aussi, par une inexplicable surexcitation nerveuse, elle éprouvait plus de passion volontaire à savourer ses caresses.

Le confortable de l'ameublement les retint longtemps chez eux. Ils sortirent, cependant, pour aller manger, rue Montmartre, à leur petit restaurant, si gai, où ils rencontraient le bohême qui soutenait des théories si drôles. En sortant de là, quand le temps le permettait, ils recommençaient leur vagabondage sur le boulevard, à travers les jardins publics. Jamais ils ne furent plus isolés que dans les rues de Paris. Maurice n'avait pas fait deux cents lieues en train omnibus, pour suivre Joseph Leraut dans les cafés et les ateliers de Paris. Eût-il été riche, l'amant de Marcelle n'eût rien changé à l'humilité de son bonheur. Il ne put, toutefois, se dispenser de voir Labanel, qui lui réitéra la promesse de le prendre avec lui et de lui trouver du travail. Ce furent ses seules visites. Paris n'était qu'un cadre à leur passion. Ils préféraient leur chambre. L'amour vrai est solitaire.

Rien de changé chez Marcelle ; un peu plus pâle qu'autrefois, voilà tout ; peut-être aussi s'enlaçait-elle à lui d'une façon plus voluptueusement féline, mettant, néanmoins, à se donner la même grâce de vestale, la même pudique résistance qui fait frissonner la femme à l'approche de l'amant.

Maurice s'extasiait de la voir si belle, si désirable, si suave à posséder. Le matin, un peu lasse, couchée encore, elle le regardait fumer des cigarettes, se promener dans la chambre, s'asseoir sur le bord du lit ou lui souffler, pour la taquiner, de la fumée dans les yeux.

Voulez-vous juger la beauté d'une femme? Voyez-la le matin. Telle est divine le soir, qui, le matin, paraît laide. La surprise du jour, la décoloration du sommeil flétrissent les traits, fanent la peau. Marcelle, au contraire, paraissait à cette heure-là, plus rosée, plus jeune, plus vivante. Accroupie sur le lit, on eût dit une de ces jolies études de l'école flamande, si fine dans sa crudité. Ses yeux de rêveuse étonnée brillaient à travers sa chevelure, que les mains de Maurice se plaisaient à dénouer. Sa chair avait de bleuâtres douceurs d'ombre, mêlés à des chatoiements de pleine lumière, qui rendaient exquis le groupement de ses formes, quand, éveillée et dormante encore, elle allongeait amoureusement sur les draps sa belle chair paresseuse.

— Ne bouge pas, disait Maurice... laisse-moi te voir!... Ah! mes pinceaux!...

Il était bien, lui, l'amant logique, fatal, le seul possible, d'une telle femme. Sa tête expressive, aux traits délicatement accusés, le distinguait de tous ces jeunes gens à tête de bois, à cervelle vidée, à moëlle pourrie, viveurs précoces, dont le corps à force d'avilissements et d'excoriations, n'est plus qu'une enveloppe incurablement morbide. L'amour, en conservant la verdeur de ses expansions natives, l'avait sauvé du terre à terre, des petitesses aplatissantes, du lâche embourgeoisement où la vie fige tant de grandes natures. Ses manières et sa peau n'étaient pas celles de tout le monde. Rien dans sa distinction qui rappelât la douceâtre mondanité des gravures de tailleur. Même originalité dans les idées, pas un radotage poncif, point de ces prudhommeries gâteuses, de ces vieilloteries courantes, sagesse de mirliton, tisane de cerveau, expérience goîtreuse des ratatinés sérieux, universellement connue sous le nom de *bon sens* et qui n'est autre chose que la vaste bêtise humaine.

Ils allèrent, à l'Opéra-Comique, entendre Van Zandt. La mignonne Mignon les enthousiasma. Des larmes mouillèrent leurs gants, quand elle chanta : *Connais-tu le pays...* Ils en étaient, eux aussi, de ce beau pays d'orangers et d'abeilles ; ils l'avaient quitté pour la ville pluvieuse, et toute leur jeunesse, toute la poésie de leur âme était restée là-bas ! Malgré leur bonheur présent, malgré leur félicité prochaine, ils comprirent alors qu'éternellement dormirait en eux l'enchanteresse nostalgie de leur amour, commencé chez un marchand de tableaux, vécu sous les étoiles, parmi les oliviers, au bastidon des Chênes-Verts, dans le salon des Sapinettes, au bruit murmurant des arbres. Une mutuelle exaltation les jeta, ce soir-là, plus ardemment aux bras l'un de l'autre ; et dans leur sommeil même ils entendirent la voix lointaine de la Van Zandt, qui leur disait que c'était là-bas qu'il fallait « vivre, aimer, — aimer et mourir... »

XL

La banlieue déserte et morne, ils voulurent la revoir ! Hélas ! plus de baraques de porcelaines tournantes ! Plus d'odeur de friture dans les haies ! Disparus, les étiques râcleurs de violon dans les guinguettes en plein vent, les jeunes gens en maillot, debout dans leurs barques sur la Seine ! La Grenouillère ? fermée. Sous les arbres, où les branches avaient caressé leur déjeuner, à présent un vaste désert de feuilles éparses ! A Saint-Mandé, à Montmorency, à Clamart, à Vincennes, taillis dénudés, couverts percés à jour, clairières où le vent hurle... Obstinément gris, gris d'une vapeur de cendre, le ciel, vu au loin, à travers l'enchevêtrement du bois, semblait, par un effet d'optique, étaler plus largement la forêt, l'allonger même par delà l'horizon.

Ils aimaient ce silence navré, ces perspectives engourdies, cette moiteur d'entêté brouillard. Seuls, sur les mousses cuivrées, ils parlaient de leur amour, sans lassitude, puisant une émotion de pensées et un besoin d'étreintes dans la mélancolie des choses. Ses jolies lèvres folles collées à celles de son amant, Marcelle, au milieu d'un baiser, regardait le ciel où des nuages étaient immobiles.

— A quoi penses-tu ? lui demandait Maurice.

— Ne t'arrive-t-il jamais, répondait-elle, de voir certains aspects, un paysage, un arrangement d'objets, avec un vague ressouvenir, comme si tu les avais vus déjà ? On dirait un morceau de sa vie recommencée.

Il serra sa main froide dans les siennes.

— Oui, je sais, on reste immobile, n'est-ce pas ? On voudrait prolonger le charme de cette minute magnétique. Même phénomène pour certaines pensées. On croit les avoir eues déjà... Nuances de psychologie, infiniment petits de l'âme... Il y en a beaucoup, comme cela. La poésie des odeurs, par exemple...

— Oh ! la plus belle, celle-là ! dit Marcelle, les narines ouvertes pour aspirer les senteurs d'herbe et l'exhalaison des terres... On pourrait échelonner sa vie avec les parfums... Tel parfum vous rappelle une circonstance, l'endroit où on l'a respiré... Ainsi moi, je ne puis sentir l'odeur de la houille, sans revoir la gare de Lyon et songer à toi... Et les violettes !... Je me vois toute petite... en promenade avec les demi-pensionnaires, sous un pont, dans le lit séché d'un torrent... Y en avait-il là, des violettes !... Oui, un parfum qui passe... votre odorat s'éveille.. la mémoire travaille... et le souvenir vous revient.

Assise près de lui, ses bottines croisées sur les siennes, elle aspirait à pleines narines les souffles du vent, qui faisait grelotter les branches. Quand il se taisait, on entendait la chute lente de quelque feuille oubliée ; et la forêt frileuse, aux herbes dépeuplées d'insectes, reprenait sa fixité sans chaleur, sans floraison, sans vol d'oiseau. Des rameaux que le froid avait respectés tachaient de fourmillements d'or les taillis lointains.

La pluie, un jour, les surprit dans le parc de Saint-Cloud au moment d'atteindre la Seine, du côté de Sèvres. Les voilà courant au bateau, riant, caquetant dans des rafales d'averse. Marcelle marchait, robe retroussée, mollets au vent, appuyée à son bras, dévisagée par la bise, trottant avec la musique des gouttes qui pétillaient sur la soie tendue du parapluie. L'oblique coup de fouet de l'eau faisait siffler les arbres et tambourinait sur les feuilles collées dans la boue. Le ciel rampait sur la terre. Une noyade de vapeurs ébauchait les coteaux. L'air était fade, incdore et vous glaçait les poumons.

Ils aperçurent enfin la Seine, étalant sous la pluie sa surface trouble comme une plaque d'argent dépoli. Marcelle s'arrêta.

— Écoute.... que je te dise.... à l'oreille....

— Es-tu folle !... avec cette averse.... Nous n'arriverons jamais.

— Si, écoute-moi.... à l'oreille.

Il se pencha, demi-fâché.

— Je vous aime bien ! murmura-t-elle, en effleurant sa tempe de ses lèvres....

Ils revinrent alors plus lentement, pataugeant dans les flaques d'eau.

Ils passaient le temps, chez eux, à relire leurs lettres, à organiser leur avenir, à varier leur amour. Il est tant de façons de s'aimer ! Ils y mettaient une délicatesse, un tact, une réciprocité de prévenances, qui écartaient d'eux les froissements et les colères. Maurice aimait sa maîtresse comme il eût aimé sa femme, d'un amour d'estime et de fierté.

Il fallait les voir, le matin, en déshabillé, jouer et courir de la chambre à la cuisine ! Marcelle se fâchait.

— Laisse-moi donc !... tu m'arraches les cheveux... Tu m'as fait mal... Là, es-tu content ?

Ils ne devenaient sérieux qu'en parlant de leur amour et de l'avenir. Quelques mois encore à attendre, et ils étaient réunis ! Dès que Maurice aurait touché le prix de ses travaux décoratifs, il préviendrait sa maîtresse, qui partirait pour Noirçon, resterait quelques jours dans sa famille, et retournerait avec lui à Paris. Ah ! elle voulait revoir encore une fois son pays, aller avec son amant dans le grand air, faire une de ces bonnes parties d'amour et de liberté, quand les premières brises crèvent les premiers bourgeons. Ils coucheraient à l'auberge, fouleraient l'herbe mouillée des bords de rivière, marcheraient sous les pins arômatiques, qui font sur les collines un bruit de haute mer, et ils s'endormiraient d'amour, par un de ces chauds soleils méridionaux qui mettent des étincelles dans les yeux et du feu dans les artères.

XLI

Lundi.

« Me voilà de nouveau seule dans ma chambre, ma pauvre petite chambre désolée.... Je pleure, je languis.... J'ai peur de tout, dès que tu n'es plus là.... A-t-il été court, ce bonheur!... Mais j'ai du courage à présent... Quelque temps encore à souffrir et à moi pour toujours!... Tiens, je ne veux plus me plaindre, je veux être gaie.... »

(*Extrait du journal de Marcelle*).

Le Juif.

Maman m'a envoyé deux bagues, que M. de Champvan a bien voulu lui remettre. Je les ai portées à un espèce de juif bijoutier, qui me prêtera là-dessus une forte somme. On est si corrompu ici, qu'une vie strictement honnête paraît à beaucoup une monstruosité. Ce bijoutier.... un vieux.... qu'on dit brave homme, sais-tu le beau raisonnement qu'il m'a tenu?... Il m'a fait asseoir... très poli... puis d'une petite voix flutée :

— Pardonnez-moi, madame..... Je vais vous parler franchement.... Ne croyez, je vous en prie, à aucun sentiment de curiosité de ma part, au contraire.... meuh... votre intérêt seul.... l'amitié que je vous porte.... Êtes-vous libre, madame?

Je l'ai regardé sans répondre.

— Oui, a-t-il repris, êtes-vous seule?... Ne vivez-vous pas avec quelqu'un? N'avez-vous personne qui vous aide?

Tu penses si j'avais envie de lui cracher au nez, à ce vieux.... Mais j'ai voulu voir jusqu'où il pousserait l'aplomb. J'ai donc répondu :

— Complètement seule, monsieur, absolument seule. Cela vous étonne, peut-être?

— Mon Dieu.... non.... mais je comprends, alors, que vous ayez tant de peine à vous débrouiller.... Maintenant, je vous ai demandé cela.... Vous m'auriez dit : « Oui, » vous n'en seriez pas moins honnête à mes yeux. Je vous prie de le croire.

J'ai souri moqueusement.

— Car enfin, madame, avec un extérieur comme le vôtre, distinguée comme vous l'êtes, vous avez dû être souvent... sollicitée.... et je le répète, vous auriez fait un choix... intelligent, vous n'en seriez pas plus coupable pour cela, mon Dieu non... Une femme doit, avant tout, considérer la position d'un homme et ne pas se risquer avec de trop jeunes gens, parce que, voyez-vous, pour être *payée* seulement en amour.... c'est trop facile, quand on est jeune et jolie.

Hein? ce vieux, quel toupet! Quand il a eu fini, je me suis mise à rire :

— Je suis une provinciale, mon cher monsieur. Il y a des choses trop parisiennes pour moi... Je ne les comprendrai jamais... Je vois seulement que nous n'avons pas les mêmes idées. Je ne m'amuserai pas à vous répondre... D'abord ce ne serait pas amusant, et puis, je vous dirais peut-être des choses désagréables... Et j'ai si peu de temps à moi!... Je me sauve. Bonjour, monsieur.

Oh! quand vivrai-je avec toi, protégée, soutenue par toi, délivrée enfin de cette boue?

(*Extrait du journal de Marcelle.*)

Mes Locataires.

J'ai deux locataires.... un vieil employé et un monsieur avec sa femme.... des étrangers à Paris pour huit mois..... Payé en entrant.... La dame fait la cuisine avec moi..... Elle est très bien, cette dame.... Son mari sort le matin et ne revient que le soir. Quant au vieil employé, il me donne son linge, que je fais laver. Je lui repasse ses chemises. Je suis très forte pour repasser... Je reprise, je raccommode..... Huit à dix francs par mois de gagnés. Enfin, entre nous, je lui cire les souliers ; deux sous par jour, trois francs par mois.... Il s'imagine que c'est le décrotteur.... Tu comprends.... S'il le savait !.... Le matin il m'appelle :

— Est-ce que le décrotteur est venu, madame ?
— Pas encore, monsieur.

Et je referme ma porte pour qu'il n'entende pas le bruit des brosses..... Qui vous eût dit, madame de Champvan, que vous cireriez les souliers de vos locataires ?... Ce que c'est que la vie !... Si tu le disais à Noirçon, personne ne le croirait..... Laisse-les baver et calomnier... Qu'est-ce que cela nous fait ! Est-ce qu'ils existent ?

(*Extrait du journal de Marcelle.*)

La Fin de Fernande.

Je sors de chez Fernande pour toujours, cette fois.... Oh! ces femmes !.... Toutes les mêmes... Égoïstes, grossières, sans délicatesse.... Et bêtes !.... Et vaniteuses !....

On dit qu'elles ont du cœur, parce qu'elles jettent l'argent par les fenêtres et qu'il y a des parasites qui le ramassent... Du cœur, elles! Naïves peut-être, généreuses sans expérience, ne prévoyant rien... Soit! Mais que la *dèche* arrive, une dèche sérieuse et tu verras!

Depuis des mois, Fernande me doit 60 francs..., une somme dont j'ai besoin tous les jours..... Dieu seul sait le nombre de visites infructueuses que j'ai faites pour avoir cet argent!... Tantôt ce sont des bottines à payer, tantôt la facture du marchand de modes, ou bien cette « coquine » de propriétaire qui a tout « raflé, » ou encore ce « muffe » de loueur de voitures qui refuse le crédit, quand ce n'est pas la « canaille » de confiseur qui réclame le montant d'une série de babas.... Kyrielle damnée, forgée tout exprès pour vous fermer la bouche...... La patience devait m'échapper.... Hier donc, je vais chez elle lui porter des mouchoirs qu'elle m'avait donnés à broder..... Elle était à sa toilette....

— Tiens, c'est vous!.... m'a-t-elle dit, sans se déranger, devinant le but réel de ma visite.

— Oui, c'est moi. Je venais voir si vous pouviez me donner quelque chose sur ce que vous me devez.

Elle, alors, sans me regarder:

— De l'argent?... Ah! elle est bonne, celle-là!... Mais je n'en ai pas seulement pour mon propriétaire... Encore moins pour vous, n'est-ce pas?... Vous vous figurez donc que je bats monnaie? N'avez-vous pas des mouchoirs à moi, en garantie?... Gardez-les.

Je vous les donne. Vous en avez besoin plus que moi, allez !

J'ai bondi.

— Vos mouchoirs !... Mais, malheureuse, je vous en ai donné, moi, des mouchoirs, à vous qui portiez des fourrures et des robes de velours. Et vous osez maintenant...... Vous oubliez la distance qui nous sépare, Fernande. Elle existe pourtant, cette distance ; et, quoi que vous fassiez, vous ne la franchirez jamais.... Entendez-vous ?

Elle a éclaté de rire :

— *Jamais* !... Oh ! là, là ! Ne dirait-on pas.... Voyez-vous cette grande dame !.... C'est pour ça qu'on vous rencontre avec des gens si *chic !*

Tu sais, quand la colère me gagne, comme je m'emporte.... Ma voix tremblait.

— Les gens avec qui l'on me rencontre, lui ai-je dit, ne sont pas des gens *chic* ; mais ce sont d'honnêtes gens, avec qui je puis sortir la tête haute.... tandis qu'avec vous..... Et vous le savez si bien, cela, que vous n'avez jamais osé me saluer dans la rue.... Vous comprenez mieux que moi ce que vous êtes...

Si tu l'avais vue alors, furieuse, jeter son savon dans la cuvette, frapper du pied et me crier :

— Voulez-vous me ficher la paix, à la fin ?... Vous m'emm... ! là !

Je suis sortie ne voulant pas m'abaisser davantage.

Soyez donc bonne pour ces filles-là ! Ce ne sont

pas elles qui ont pitié de vous quand vous êtes malheureuse.

(*Extrait du journal de Marcelle.*)

Deux vieilles Connaissances.

. . . .

Figure-toi ma surprise..... Hier, je rencontre nez à nez la vieille Lolotte, la provençale qui a été si longtemps chez moi. Voici le joli langage qu'elle m'a tenu.

— Madame de Champvan !

— Lolotte ! vous ici !...

— Oui, madame.... *Quûû !...* J'ai su tous vos malheurs... Pécaïre !... Qui me l'aurait dit, quand je servais chez vous ? Travailler, vous ! donner des leçons ! et sans le sou, dans la misère, à ce qu'il paraît.

— Que voulez-vous, ma bonne Lolotte..... J'ai été bien malheureuse ; il m'a fallu beaucoup de courage.

— Du courage !... Ah ! *bouano méro !* que si j'étais jeune comme vous..... si je savais ce que vous savez, si *z'avais* votre taille, vos yeux noirs !... C'est moi que je n'irais pas tirer des révérences à n'*un* tas de *garço !* et qui me débrouillerais toute seule !...

— Que voulez-vous dire ?

— Ce que je veux dire ? Tenez voilà assez longtemps que je vous connais pour que je vous donne un conseil. Vous êtes jeune, pas vrai, éduquée, jolie, *let-*

trude. Pourquoi que vous ne pourriez pas vous mettre avec quéqu'un de sérieux !

Et comme je la regardais avec ce regard coupant que tu me connais :

— Tè !..... Vous ne pourriez pas rencontrer un homme riche, qui vous prendrait chez lui, qui vous rendrait vos aises, vos toilettes, votre *train ?* Car vous avez beau faire, honnête ou pas honnête, ça revient au même pour là-bas..... Ils vous prennent pour une pas grand'chose, à Noirçon. Et, *sabès*, c'est fini... ils en reviendront jamais..... *Es couyoun, diou pas*, mais c'est comme ça.... què li faire?... *Eh bè*, moi, à passer pour ce qu'ils disent, tè, autant en avoir le bénéfice......

Je l'ai interrompue :

— Voyons, Lolotte, que me racontez-vous là ?... Paris vous a donc troublé la tête, vous aussi.... Comme nous n'avons pas les mêmes idées pourtant! Moi qui préfère souffrir, travailler, être méprisée que de voir les gens m'envier ma honte.... Croyez-vous que j'aurais attendu aujourd'hui pour en venir là ?... Si j'ai su rester honnête, malgré ce que j'ai souffert, c'est que rien désormais ne peut me corrompre. Qu'ils calomnient tant qu'ils voudront, à Noirçon..... Je vis au grand jour..... Qu'ils viennent vingt-quatre heures ici... ils sauront à quoi s'en tenir. Quant à vous, Lolotte, j'oublierai ce que vous venez de me dire, à condition que vous ne recommencerez plus, n'est-ce pas ? parce qu'alors, nous nous fâcherions.... Croyez-moi, ma chère, travaillez, ne regrettez pas de n'être ni belle ni jeune, et surtout plus de vilains conseils à personne ?

Elle s'est excusée et je me suis sauvée.

Autre rencontre : Un ancien ami de mon mari, M. de ***. Il m'a saluée, n'osant s'avancer. Je l'ai prévenu.... Après un bout d'entretien, il m'a parlé du docteur Bernard qu'il connaît, puis de Noirçon. Ce qu'on débite d'horreurs, là-bas, sur moi ! On cite de vieux gâteux, que j'aurais eus pour amants. Non, c'est amusant, à la fin !

Et penser que toutes ces calomnies viennent de la même source : deux ou trois femmes que je pourrais nommer, que tu connais, que tu as trop connues même !... Et quelles femmes !... Si on pouvait tout dire, hein ? Mais Dieu les punira, sois tranquille....

— T'ai-je raconté ceci ?

— Dernièrement, mon frère, de Nice, étant venu à Paris, je l'ai reçu à la gare. Naturellement nous avons pris un fiacre. Comme mon frère ressemble à un notaire de Noirçon, le bruit, paraît-il, a couru là-bas, que je suis montée en voiture avec ledit notaire. Quelqu'un de Noirçon m'a probablement aperçue. Et voilà comment je suis depuis quelque temps la maîtresse d'un notaire, un homme qui a toujours été très respectueux envers moi.....

XLII

Un jour, en revenant de chez une élève, elle suivait l'interminable trottoir qui borde les Champs-Elysées, par un de ces temps boueux qui font retrousser les jupes sur les bottines des femmes. Le ciel gris était plein de tiédeurs soufflantes. Marcelle endormait sa tristesse à la vision sans fin des équipages, défilant dans l'écrasement rapide des petits cailloux.

Subitement, dans une calèche... Son mari... M. de Champvàn.... Là, en face d'elle... Elle chancela. Il l'avait aperçue, lui; et il en demeura tout pâle dans sa voiture. Ah ! il ne se doutait pas, ce jour-là, qu'il rencontrerait sa femme. Il ne broncha pas, cependant. Il détourna même les yeux, très vite. Mais il ne devait jamais plus l'oublier, cette apparition, cette femme — la sienne, — qui allait à pied, en costume de toile bleue avec une toque en paille noire. Et elle ! A Paris, lui ! Quand elle le croyait à Nice ! Alors, elle voulut connaître l'existence de cet homme. Elle eut peur de le rencontrer. Heureusement, quelques jours après, elle apprit son retour à Nice.

Dès lors, elle demanda des nouvelles de lui à Noirçon.

Tout à coup, une dépêche terrifiante : M. de Champvan à toute extrémité... Une fluxion de poitrine l'avait saisi en sortant d'un bal donné chez la vicomtesse d'Ermoëlle. Après quinze jours d'angoisse, une autre dépêche, la dernière : mort. Coup de foudre pour Marcelle. Les torts de cet homme disparurent devant les siens. Sa mort lui inspira le respect qu'elle n'avait pas donné à sa vie. Elle fut assommée par ce dénouement brutal, si brusque, si inattendu! Elle ne vit dans Octave que les qualités qu'elle aurait dû reconnaître, et non les défauts dont elle s'était vengée. M. de Champvan l'avait aimée au début. La vanité de son caractère mondain plutôt que la corruption de son cœur l'avait éloigné de sa femme. En dehors de ses relations conjugales, il avait toujours mérité la sympathie d'autrui, le dévouement de ses amis, l'estime de tous ceux qui l'approchaient. Ceux-là ne pouvaient comprendre ni partager les motifs qui avaient poussé sa femme à se détacher de lui. Pour beaucoup même elle était inexcusable. Entourée du luxe, de la richesse, du bien-être matériel, n'avait-elle pas eu tort, grand tort, de demander à la vie plus de bonheur qu'elle n'en peut donner, et de l'acheter même au prix d'une faute? Cette faute écrasait maintenant la jeune femme. Elle pleura, oui, elle pleura, seule sur son lit, où elle demeura étendue tout un jour, sans songer à Maurice, sans avoir la force de sortir.....

Ce ne fut que plus tard, peu à peu, qu'elle revint à elle, qu'elle s'habitua à la réalité, à la pensée qu'elle était maîtresse de ses actions.....

XLIII

Elle ne dort pas. Le plaisir l'a si nerveusement secouée, que l'approche du sommeil lui donne des vertiges, fait palpiter ses seins et battre son cœur. Lasse d'insomnie, elle s'accoude à côté de Maurice et regarde.

Entre les lamelles des persiennes fermées passe une réverbération blanche, blêmissant les murs de la chambre, dessinant en ébauches le lit, la bougie éteinte sur la table de nuit, plus loin une malle avec des vêtements dessus. Que de baisers tantôt ! Quels étouffements d'amour ! Que d'inoubliables folies ! Maintenant aucun bruit : Maurice, immobile, dort, d'un sommeil léthargique, lourd, sans souffle, sommeil de jeunesse et d'amoureuse lassitude, qui semble une absence d'âme. Sa tête retombe sur son épaule droite. Sa bouche ne sourit pas. Sa figure a la tranquillité figée des visages de cire. Parfois, ses narines se dilatent, ses poumons se gonflent pour faire provision d'haleine. Marcelle admire ces paupières closes ; puis, rangeant les cheveux tombés sur le front, abeille suspendue à une fleur, elle pose ses lèvres froides sur ces lèvres dormantes, comme pour guetter son âme au passage. Découvrant ensuite la poitrine de son amant, elle y appuie sa tête et écoute ce cœur, battant dans le silence nocturne, à côté du sien, qui bat aussi, pareils tous les deux à des voix d'amour qui se répondent.

A la fin, comme il dort toujours, elle saute hors du lit, passe un peignoir, ouvre la fenêtre et se met au balcon, un vieux balcon en bois, d'où l'on découvre, sous un ciel illuminé de lune, une large plaine de Provence. Pas un nuage dans l'azur, azur de juin d'un calme immense, blanc, plein de tiédeurs et de brises. Point d'étoiles, non plus. Si : trois au Nord, en triangle, flammes éternellement palpitantes, toujours prêtes à s'éteindre et qu'avive éternellement un vent d'infini.... Cette étendue, ce firmament laiteux, versaient je ne sais quel narcotique engourdissement qui immobilisait les choses : silence béant et sans bornes, dont les huées des hiboux semblaient les soupirs.

Marcelle était accoudée au balcon, dans l'attitude de la Polymnie antique, un genou contre les barres de bois. La lune, pâlissant encore la pâleur de sa chair marmoréenne, cendrait ses fins cheveux noirs, tantôt dénoués et s'envolant, coulés tantôt comme des serpents entre ses seins, contre lesquels battait sa chemise. Quand elle tournait la tête, un côté du visage se lustrait de rayons, l'autre s'ombrait de nuit. Autour de sa nuque un papillon voletait, prenant cette odeur de chevelure pour un parfum de fleur inconnue.

Un cirque de collines fermait au loin l'horizon, noires au Sud, du côté où s'était levée la lune, couleur d'ardoise au Nord, en face de l'astre montant. Derrière ces collines, il y en avait d'autres, surplombantes et en gradins, violettes, si claires, qu'on n'en pouvait distinguer les cimes, fondues dans le ciel d'argent. Attirée par cette illumination dominatrice, Marcelle suivait des yeux la marche lente de la lune irradiée de toutes parts. Quel invisible fil tenait suspendue cette sphère voyageuse? De quelle gueule de canon titan était sorti ce boulet qui se promenait dans l'espace? Marcelle regardait. Mignonnement alanguie au balcon, la nonchalance de ses poses lui donnait un air séraphique, un charme d'apparition surhumaine, rappelant les vaporeuses vierges de Prudhon ou les madones flottantes des coupoles d'église.

— Oh! s'échapper dans les profondeurs! S'arracher aux boues terrestres! Être un atome, un souffle, une prière évanouie dans la solitude des astres en course! Rêve des désespérés et des inquiets. Là-haut, l'amour de Maurice l'aurait suivie. Il devait régner, si près de Dieu, une atmosphère de joie immatériellement accablante. En y montant, le vertige devait vous saisir, un de ces vertiges sans chute, recommencé toujours, qui vous pâme de plaisir dans le vide.... Et sa chair de femme se fondait en volupté, rien qu'à sentir l'oppression de tant d'abîmes franchis.

Songerie raffinée, qui montrait à Marcelle les douleurs et les choses dans leur petitesse réelle. Quel temps, en effet, mettrait cet espace à évaporer toutes les larmes humaines ? Quelle distance lui faudrait-il, à ce gouffre d'infini, pour lasser le vol même de la pensée, que rien n'arrête ? Où jusque monteraient les sanglots de tous les hommes ensemble ? Terrible et fascinant éther, qui plane sur nos misères et que rien n'émeut ni ne fait parler !

Marcelle comprit que ces méditations, c'était l'amour qui les lui inspirait, et non la vue du ciel, souvent admiré autrefois sans qu'il eût traîné son âme en de tels élargissements de pensée. Oui, c'était l'amant qui emportait ainsi sa maîtresse, l'amant endormi, là, dans cette chambre !

Elle se retourna. On voyait le lit au fond. Sur l'oreiller un bras nu s'allongeait et couvrait à demi la tête du dormeur, dont on n'apercevait que les cheveux. La clarté de la lune, entrant par la fenêtre ouverte, dallait le milieu de la chambre d'un carré de lumière qui se déplaçait lentement et gagnait le lit.

Mᵐᵉ de Champvan revint alors à Maurice et, sur la pointe des pieds, lui apporta un baiser, un de ces baisers maternels et chauds que les vraies maîtresses savent donner. Le jeune homme ne s'éveilla pas ; mais, son rêve devinant cette caresse, il pressa dans la sienne la main de Marcelle, qui, muette et souriante, alla de nouveau s'accouder au balcon.

La plaine claire s'étalait distinctement avec les taches lointaines des grands massifs d'arbres. Les champs, à certains endroits, étaient couverts d'oliviers, dessinant leur ombre noire sur les labours. La grande route passait sous le balcon, éclatante de blancheur, lointainement déroulée, jusqu'à ne former qu'une ligne à l'horizon. Les terres ressemblaient à de la cendre ; les carrés de blés à des lacs d'or ; les ruisseaux d'arrosage à des filets de miroir encadrant les prairies ; une enfilade de peupliers s'échelonnait à l'Est et décroissait en s'éloignant plus loin, des pelouses où broutaient immobilement des moutons, comme ceux des crèches, qui ont des aiguilles sous les pattes et qu'on plante sur de la mousse ; une masure ; des pans de mur, drapés de lierre ; des saules noueux ; des arbres d'une seule branche, avec un plumet de feuilles à l'extrémité ; des verdures en zigzags, indiquant le cours d'une rivière ; aux flancs des collines, les bastidons, petits carrés blancs, morceaux de lune ; et sur les coteaux, le ciel découpé entre les branches des pins, dont quelques-uns avaient l'air de champignons noirs ou de passants fantastiques. La nature, tranquillement rayonnante, dormait dans une clarté moelleuse, qui atténuait en quelque sorte les objets, les cendrait de brouillard, les veloutait de mousseline et leur donnait un air d'étrange miniature.

Mais voici qu'une montée de vapeurs atteint la lune, l'embrume peu à peu et adoucit encore sa lumière, qui devient plus légère, plus vague ; une étoile se hasarde à briller sous cette neige impondérable, point d'or sur un voile de vierge, à travers lequel la lune regarde avec ses yeux bleutés... Vision d'un moment, la gaze se fond, le ciel reprend son repos illuminé.

A force de concentrer sa rêverie, Marcelle sentit la nature entrer en elle ; l'immensité des horizons s'ajouta à l'immensité de son amour. Cette vaporisation de clartés délestait sa chair, l'allégeait, la subtilisait. La mort seule pouvait donner un tel envolement d'âme, un tel dérobement du corps. L'accalmie de la nuit s'harmonisait si bien avec la paix de son cœur! Il n'y avait plus que du bonheur dans sa vie ; le bonheur avait conquis, enveloppé Marcelle, absolument, victorieusement, comme cette irradiation polarisée qui noyait la terre. Souffrance, misère, exil...—évanoui, tout cela, aussi vite que la vapeur volante que la lune avait bue d'un souffle. La maîtresse ne savait plus, ne voyait plus qu'une chose : c'est qu'elle allait retourner à Paris avec son amant...

A cette idée, elle s'élance dans la chambre pour le voir, pour l'embrasser... Un cri, un baiser, deux bras autour de son cou... Il était derrière elle, demi-vêtu... Il s'était éveillé, il avait vu la clarté de la lune sur son lit, il s'était habillé à la hâte et au moment où sa maîtresse s'était retournée, il l'avait reçue dans ses bras.

— Comme tu dormais ! dit-elle.

— C'est vrai ! Par une nuit pareille ! C'est un crime de dormir. Punis-moi !

Il offrit son front aux lèvres de sa maîtresse, qui lui prit les mains et les secoua en s'écriant :

— Libres !...

— Oui, libres, et dans quelques jours à Paris !

Elle se serra contre lui.

— Que je suis heureuse, Maurice. Que je me sens forte ! Je ne crains plus rien, maintenant. Aucun malheur, aucun désenchantement ne peut m'atteindre. Tu es mon Dieu, ma protection, la joie de ma vie, tout ce qu'il y a de grand, de meilleur pour moi sur la terre !...

— Et toi donc, sainte créature que tu es ! Sais-tu bien, au moins, combien je t'aime, toi qui as fait un devoir de ta faute, toi qui as souffert, travaillé, lutté et qui n'as reçu que du mépris des autres, et à qui je n'ai pas connu une qualité dont on ne t'ait fait un vice... Oh! quand je me compare à toi, j'ai honte de me trouver si petit !...

Elle hocha moqueusement la tête et, coulant sa main sur son épaule, elle le fit accouder près d'elle, sur le balcon.

— Es-tu enfant ! dit-elle... Tu m'admires, tu es là en extase ; mais tu sais pourtant bien que c'est toi, toi seul qui m'as faite ce que je suis... Oui, vous, monsieur le grand artiste.

— Ah! grand artiste !... Parlons-en, du grand artiste ! s'écria-t-il en saluant ironiquement la campagne.

Mais elle, en lui donnant une tape sur les yeux avec une de ses tresses parfumées :

— Voyez-vous, ce blasé ?... Un succès inouï... Le second prix du salon !... Une vraie bataille autour de son tableau... Tous les journaux qui parlent de lui !... Et monsieur fait le dégoûté... Tu sais cependant ce que tu vaux, voyons, ajouta-t-elle, pelotonnée contre lui, tu es trop intelligent pour être modeste avec moi... Je ne le souffrirai pas, d'abord... Et puis, je veux te dire tes vérités, à toi aussi... Tant pis, si elles te fâchent.

— Tiens ! dit Maurice, en montrant la nature, le voilà, le seul vrai, le seul grand artiste ! Tout est là dedans. Il s'agit d'y lire... C'est plus bête que Bernardin de Saint-Pierre, ce que je te dis là... Il n'y a pourtant que cela de vrai... Quand je songe que ces crétins de classiques n'ont pas compris la nature !... Ote Hobbéma et Ruysdaël... où sont les paysagistes de l'ancienne école ?... Encore Hobbéma et Ruysdaël... des flatteurs, des charmeurs, des embellisseurs !... Mais le cru, le réel, l'observé !... Ah ! si l'on pouvait seulement encadrer ce coin d'horizon, fondu là-bas, à droite, le vois-tu ? c'est ça qui aurait un succès au salon !...

— Oui, c'est beau, s'écria-t-elle. Et dire qu'on admire si peu ce qu'on voit si souvent ! Moi, à Paris, j'ai toujours rêvé de venir t'aimer encore une fois ici, en Provence, par une nuit enchanteresse comme celle-ci, et à présent que tu es là, à présent que je te sens à moi, tout à moi, je suis si heureuse, si heureuse, qu'il me semble que je vais mourir...

Elle colla sa bouche à ses lèvres ; puis, ils s'accoudèrent au balcon et parlèrent, en regardant devant eux.

Les hiboux hululaient toujours. Cette entêtée psalmodie apportait, en rythme sonore, la somnolente mélancolie des bois, où se cachent ces pleureurs de nuit. On eût dit la huée de quelque œgipan moqueur, guettant derrière les feuilles une naïade nûe dans sa source.

Maurice et Marcelle se murmuraient d'interminables confidences ; ils arrangèrent leur vie : leur joli appartement, rue Monge, avec un atelier à côté de la chambre... Et point de modèles surtout! On s'en passerait. Au besoin, Marcelle était là. Elle n'était pas une « Vénus; » mais l'école réaliste n'a que faire d'une « Vénus. » — « D'ailleurs je veux que tu peignes des paysages et pas autre chose... »

La lune descendait sur les collines. Comme si les champs, situés de l'autre côté de l'horizon, eussent pris à l'astre la moitié de sa clarté, il ne répandait plus qu'une lumière horizontale, d'une blancheur terne, grise, plus limpidement nimbé, commençant à fondre déjà les arbres, les prairies, la grande route et les guérets. Et à mesure que la plaine devenait plus noire, le bas du ciel se vitrait plus diaphanement. Maurice remarqua de la brume sur les verdures traçant les méandres de la rivière. Marcelle suivait des yeux un gros nuage, rond comme un paquet de cendre, tête de géant en escalade à l'horizon et devant lequel la lune sembla fuir et descendre plus vite... Ils voulurent la voir se coucher.

— Nous rentrerons après, dit Marcelle.

La plaine s'obscurcit davantage; les collines se détachèrent plus nettement sur le ciel. Des chiens aboyèrent dans le lointain. Le vent se leva; l'air fraîchit. Ils entendirent venir des brises qui leur clapotèrent dans les oreilles, firent flotter les cheveux de Marcelle et leur apportèrent des sifflements et des parfums. Une volée d'oiseaux traversa le ciel.

Des grenouilles se mirent à coasser, d'une voix enrouée, comme des craquements de verre qu'on rince. Appuyée contre la poitrine du jeune homme, Marcelle tendit son joli bras nu vers la lune disparaissante, qui touchait maintenant l'horizon, en cet endroit formé d'une raie d'arbres que le vent remuait; de sorte que la lune avait l'air de flotter sur des vagues noires, tantôt enfoncée, tantôt surnageante.

Maurice étreignit sa maîtresse. Elle défaillit et ferma les yeux... Quand elle les rouvrit, la plaine n'était qu'un large abîme de ténèbres, où l'on ne distinguait plus rien. Les étoiles brillaient. Un coq chanta.

XLIV

Le lendemain, vers trois heures de l'après-midi, deux voyageurs entraient dans la salle d'attente de la petite gare des Censiers, une femme et un jeune homme, tous deux en très simple toilette de voyage. Pendant que sa compagne l'attendait, debout, une valise à la main, le jeune homme courut au guichet.

— Paris ! Deux secondes !

Au même instant, bruit de sonnerie électrique, grincement d'essieux, souffles de vapeur... Le train arrivait.

Les curieux, venus pour assister au départ des voyageurs, virent alors la jeune femme ouvrir elle-même une portière, montrer, en franchissant le marche-pied, un bas blanc finement tiré, chaussé d'une élégante bottine. Puis, le jeune homme monta, la portière se referma... Nouveau coup de sifflet, grincement d'essieux, le train repartit...

Il ne resta plus sur le trottoir de la gare que les

deux employés, desservant la station, qui se promenèrent un moment, leurs papiers à la main, dans cette flânerie spéciale aux employés des chemins de fer, flânerie mélancolique et désœuvrée, où passe le souvenir des jolies têtes de femme entrevues aux portières et disparues pour toujours.

FIN

SAINT-QUENTIN. — IMPRIMERIE JULES MOUREAU ET FILS.

www.ingramcontent.com/pod-product-compliance
Lightning Source LLC
Chambersburg PA
CBHW060507170426
43199CB00011B/1358